AF648105

ALEXANDER PAVLENKO

FAUST

Eine Graphic Novel

nach Goethes »Faust I«
adaptiert von Jan Krauß

editionfaust

Vorspiel auf dem Theater

Frankfurt am Main,
16. August 1772.

Ihr beiden, steht mir bei. Auf dass unser Stück den Beifall der Menge findet.
Sprich mir nicht von der Menge, Direktor! Ihr gefällt allein die Oberfläche; nur wer in die Tiefe geht, bleibt der Nachwelt erhalten.
Nachwelt! Nachwelt! Verschont mich damit! Wer macht denn der Mitwelt Spaß?
Vor allem muss genug geschehen! Die Masse könnt Ihr nur durch Masse bezwingen.
Fühlt Ihr denn nicht, wie schlecht ein solches Ansinnen ist? Wie wenig das dem echten Künstler gemäß ist?

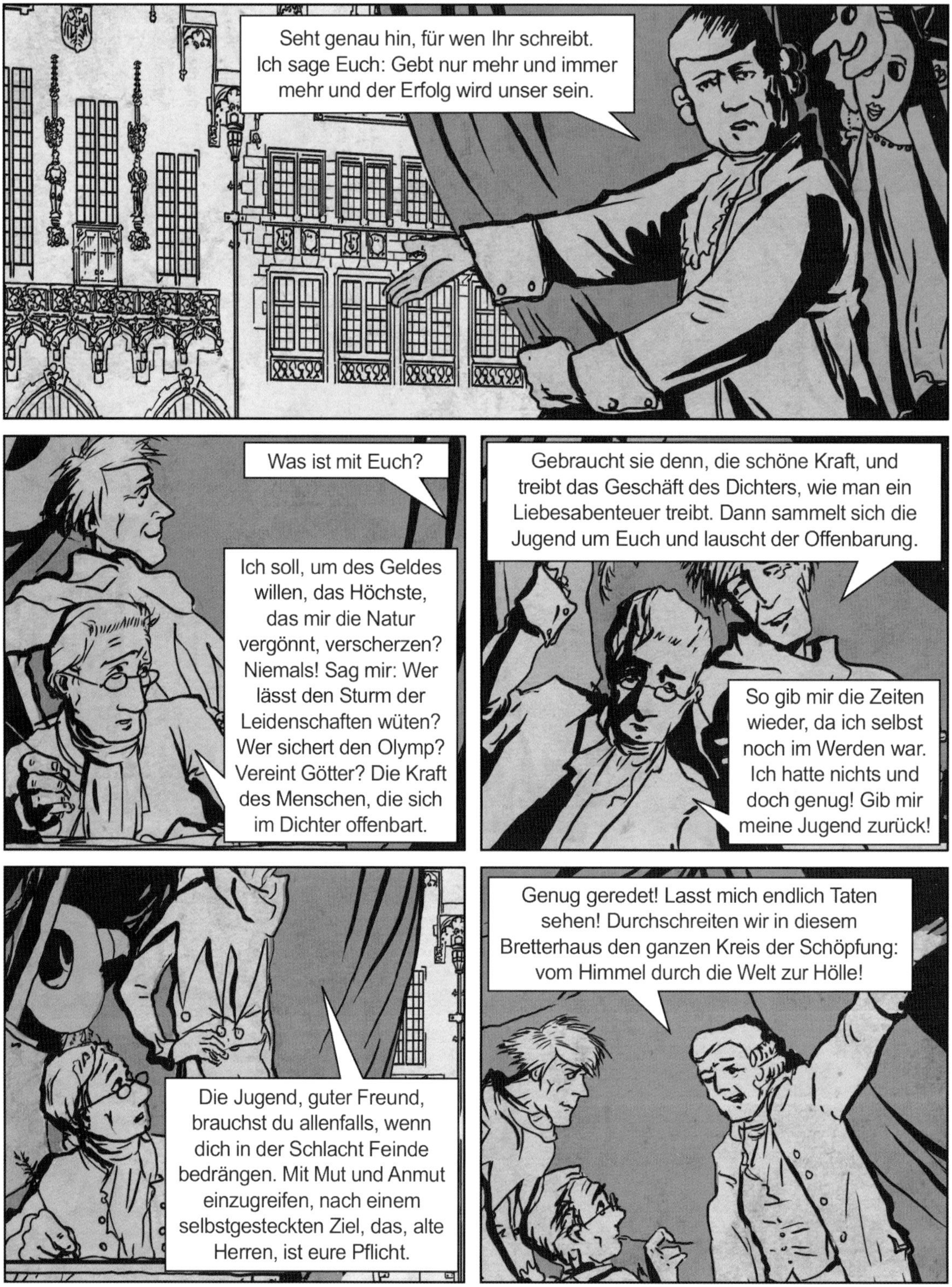
Seht genau hin, für wen Ihr schreibt. Ich sage Euch: Gebt nur mehr und immer mehr und der Erfolg wird unser sein.
Was ist mit Euch?
Ich soll, um des Geldes willen, das Höchste, das mir die Natur vergönnt, verscherzen? Niemals! Sag mir: Wer lässt den Sturm der Leidenschaften wüten? Wer sichert den Olymp? Vereint Götter? Die Kraft des Menschen, die sich im Dichter offenbart.
Gebraucht sie denn, die schöne Kraft, und treibt das Geschäft des Dichters, wie man ein Liebesabenteuer treibt. Dann sammelt sich die Jugend um Euch und lauscht der Offenbarung.
So gib mir die Zeiten wieder, da ich selbst noch im Werden war. Ich hatte nichts und doch genug! Gib mir meine Jugend zurück!
Die Jugend, guter Freund, brauchst du allenfalls, wenn dich in der Schlacht Feinde bedrängen. Mit Mut und Anmut einzugreifen, nach einem selbstgesteckten Ziel, das, alte Herren, ist eure Pflicht.
Genug geredet! Lasst mich endlich Taten sehen! Durchschreiten wir in diesem Bretterhaus den ganzen Kreis der Schöpfung: vom Himmel durch die Welt zur Hölle!

Prolog im Himmel

Die Sonne tönt nach alter Weise.

Und unbegreiflich schnell dreht
sich die Pracht der Erde umher.

Deine Boten, Herr, verehren das
sanfte Wandeln deines Tags.

Alle deine hohen Werke sind herrlich wie am ersten Tag.
Nun ja ...
Verzeih mir, Herr, ich kann keine hohen Worte machen, sehe ich doch nur, wie die Menschen leiden.
Wann immer wir uns sehen, klagst du mich an. Ist dir denn auf der Erde gar nichts recht?
Nein, Herr. Ich finde es herzlich schlecht dort unten.

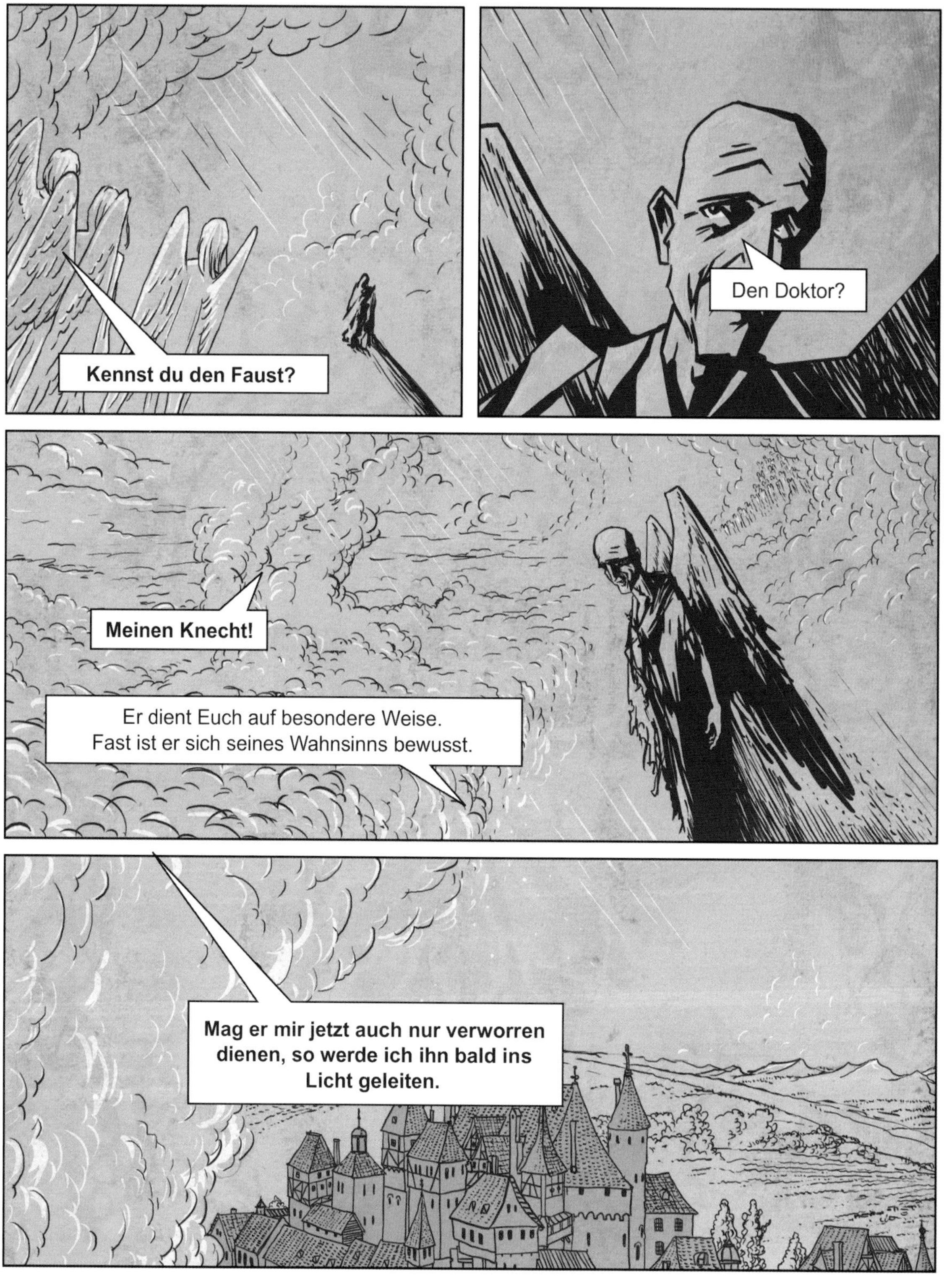
Kennst du den Faust?
Den Doktor?
Meinen Knecht!
Er dient Euch auf besondere Weise.
Fast ist er sich seines Wahnsinns bewusst.
Mag er mir jetzt auch nur verworren dienen, so werde ich ihn bald ins Licht geleiten.

Führe diesen Geist auf deinem finsteren Weg in die Tiefe hinab. Und wenn du erkennen musst, dass ein guter Mensch in seinem dunklen Drang sich des rechten Weges wohl bewusst ist, steh beschämt beiseite.
Was wettet Ihr? Den werdet Ihr an mich verlieren!
Schon gut. Erlaubt mir nur, aus voller Brust zu triumphieren.
Du darfst auch da frei erscheinen. Ich habe dich nie gehasst. Die Tätigkeit des Menschen erschlafft allzu leicht, darum gab ich ihm einen Gesellen, der reizt und wirkt und als Teufel schaffen muss. Die Wette gilt!

Faust
Der Tagödie erster Teil

Ich habe Philosophie, Recht, Medizin und – leider – auch Theologie studiert ...
... nur um zu erfahren, dass wir nichts wissen können.
Nichts.
Also habe ich mich der Magie ergeben.
Um zu erkennen, was die Welt im Innersten zusammenhält.

Ein Buch von Hermes Trismegistos' eigener Hand.
Ihr Geister, die ihr mich umschwebt, antwortet mir, wenn ihr mich hört.
War es ein Gott, der diese Zeichen schrieb? Sie stillen meinen Furor.
Was für ein Schauspiel! Aber ach, eben nur ein Schauspiel. Wo bekomme ich euch zu fassen, ihr Quellen allen Lebens? Ihr quellt und tränkt, und ich? Ich schmachte hier vergebens!

Wie anders wirkt dieses Zeichen auf mich ein. Du, Geist der Erde, bist mir näher.
Tibi impero, terrae spiritus, ut appareas.*
* Ich befehle dir, Erdgeist, erscheine!
Appare!

Wer ruft mich?

AHHH!
Du hast mich mächtig angezogen, und nun?
Du wolltest mich schauen, meine Stimme hören, mein Antlitz sehen. Nun, da bin ich!
AHHH! Ich ertrage dich nicht!
Welch erbärmliches Grauen fasst dich, Übermensch? Wo bist du, Faust, dessen Stimme mir erklang? Bist du es, der vor mir zittert, wie ein furchtsam gekrümmter Wurm?
Ich bin Faust, bin deinesgleichen!
Du gleichst dem Geist, den du begreifst, nicht mir!
Nicht dir? Wem dann?

O nein! Das muss mein Famulus Wagner sein. Er macht mein schönstes Glück zunichte!
Verzeiht. Ich hörte Euch deklamieren. Auch ich würde gerne diese Kunst erlernen. Heutzutage bewirkt man viel mit ihr. Es heißt, ein Komödiant könnte einen Pfarrer lehren.
Ja, wenn der Pfarrer Komödiant ist, wie das denn zuzeiten vorkommen mag.
Ach Gott! Die Kunst ist lang und unser Leben kurz. Die Mittel, durch die man zu den Quellen steigt, sind so schwer zu erlangen! Und ehe man nur die Mitte des Weges erreicht, stirbt man als armer Teufel.
Ist es ein trockenes Pergament, das dir den Durst stillt? Wenn die Erquickung nicht aus dir selbst hervorgeht, hast du nichts gewonnen.
Verzeiht! Es ist ein so großes Vergnügen, sich in den Geist der Zeiten zu versetzen. Wir sehen, wie vor uns ein weiser Mann dachte, und erkennen, wie herrlich weit wir selbst es gebracht haben.

Mein Freund, die Zeiten der Vergangenheit sind uns ein Buch mit sieben Siegeln.
Allein die Welt! Das Herz des Menschen und sein Geist! Möchte doch jeder etwas davon erkennen!
Ja, was man so erkennen heißt! Die wenigen, die was davon erkannt haben und töricht genug waren, dem Pöbel ihr Schauen zu offenbaren, hat man von jeher gekreuzigt und verbrannt.
Ich bitte Euch, Freund, es ist tiefe Nacht, wir müssen für diesmal unterbrechen.
Nur zu gern würde ich mich immer weiter mit Euch besprechen. Bitte erlaubt mir, morgen, am ersten Ostertag, weitere Fragen zu stellen. Zwar weiß ich viel, doch möchte ich alles wissen.

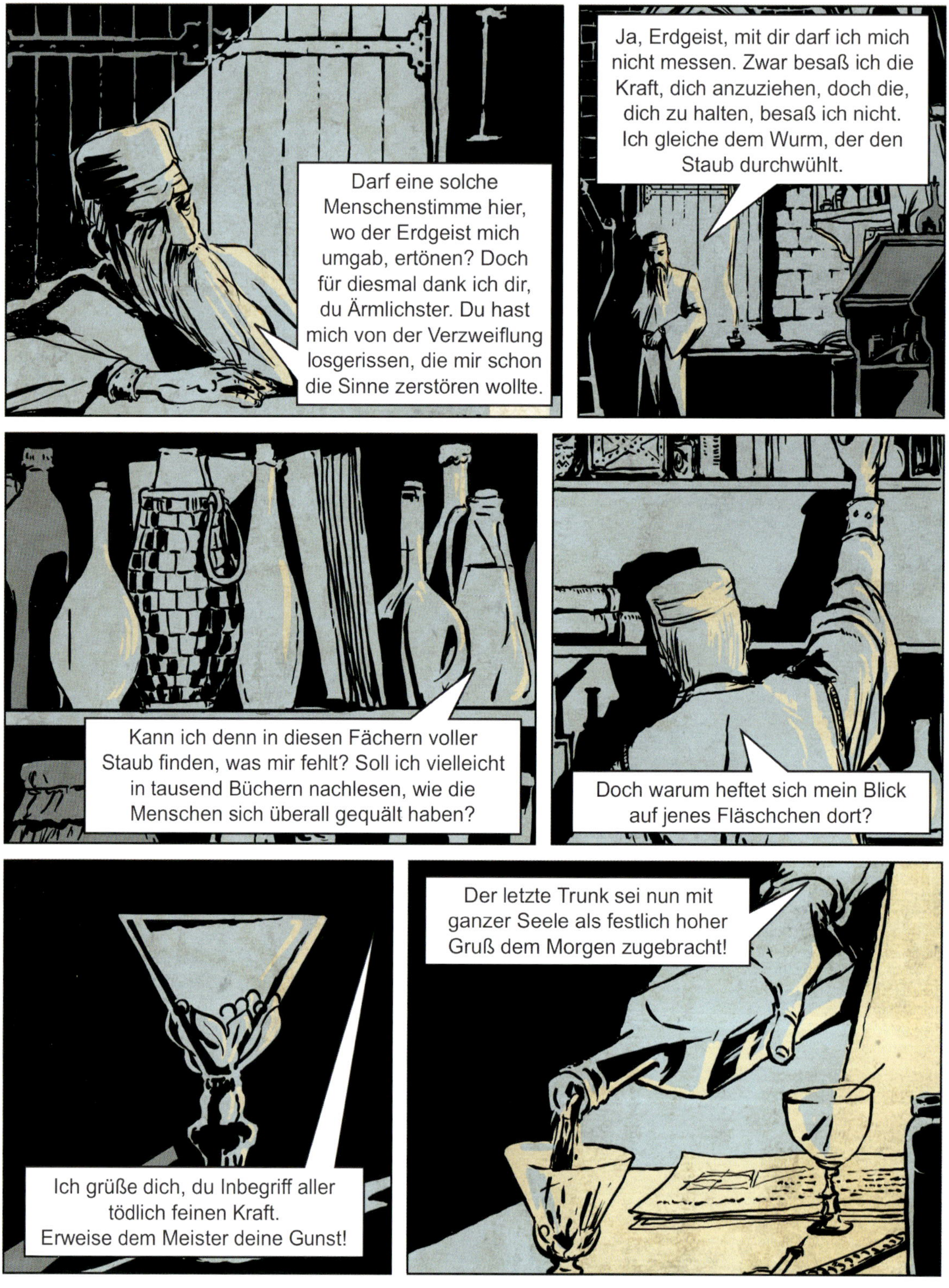
Darf eine solche Menschenstimme hier, wo der Erdgeist mich umgab, ertönen? Doch für diesmal dank ich dir, du Ärmlichster. Du hast mich von der Verzweiflung losgerissen, die mir schon die Sinne zerstören wollte.
Ja, Erdgeist, mit dir darf ich mich nicht messen. Zwar besaß ich die Kraft, dich anzuziehen, doch die, dich zu halten, besaß ich nicht. Ich gleiche dem Wurm, der den Staub durchwühlt.
Kann ich denn in diesen Fächern voller Staub finden, was mir fehlt? Soll ich vielleicht in tausend Büchern nachlesen, wie die Menschen sich überall gequält haben?
Doch warum heftet sich mein Blick auf jenes Fläschchen dort?
Ich grüße dich, du Inbegriff aller tödlich feinen Kraft. Erweise dem Meister deine Gunst!
Der letzte Trunk sei nun mit ganzer Seele als festlich hoher Gruß dem Morgen zugebracht!

Christ ist erstanden!
Freude dem Sterblichen,
den die verderblichen,
schleichenden, erblichen
Mängel umwanden.
Welche Kraft zieht mir mit
Gewalt das Glas vom Munde?
Christ ist erstanden!
Selig der Liebende,
der die betrübende,
heilsame und übende
Prüfung bestanden.
Was sucht ihr mich im
Staub, ihr Himmelstöne? Die
Botschaft hör ich wohl, allein
mir fehlt der Glaube.
O tönt fort, ihr süßen
Himmelsklänge, die Erde
hat mich wieder.
Christ ist erstanden
aus der Verwesung Schoß!
Der Meister ist nah,
der Meister ist da!

Schau dir das bunte Gewimmel an, das aus dem finsteren Tor dringt. Sie alle feiern die Auferstehung des Herrn, denn sie selbst sind auferstanden.
Ich hasse das Fiedeln und Schreien der Menge! Sie tobt, wie vom bösen Geist getrieben, und nennt es Freude und Gesang.

Hier ist des Volkes wahrer Himmel, und Groß und Klein jauchzt zufrieden: Hier bin ich Mensch, hier darf ich sein.
Herr Doktor, unseren schönsten Krug haben wir Euch mit frischem Trunk gefüllt! Ich bring ihn zu und wünsche laut, dass er Euch nicht nur den Durst stillt: Die Zahl seiner Tropfen sei euren Tagen zugelegt.
So mancher von uns steht nur hier, weil Euer seliger Vater ihn der heißen Fieberwut entriss. Und auch Ihr, ein junger Mann damals, gingt in jedes Krankenhaus und bestandet harte Proben. Euch, dem Helfer, half der Helfer im Himmel!
Ich erwidere Euch allen Heil und Dank.

Gesundheit dem Doktor, dass er noch lange helfen kann.
Vor jenem oben, der helfen lehrt und Hilfe schickt, stehe ich in Demut. Habt Dank.
Wie musst du dich nur fühlen, großer Mann, wenn die Menge dich so verehrt?
Lass uns dort bei jenem Stein ein wenig rasten.
Der Beifall der Menge klingt wie Hohn in meinen Ohren. Wenn sie nur wüssten, wie wenig mein Vater und ich solchen Ruhm verdient haben!

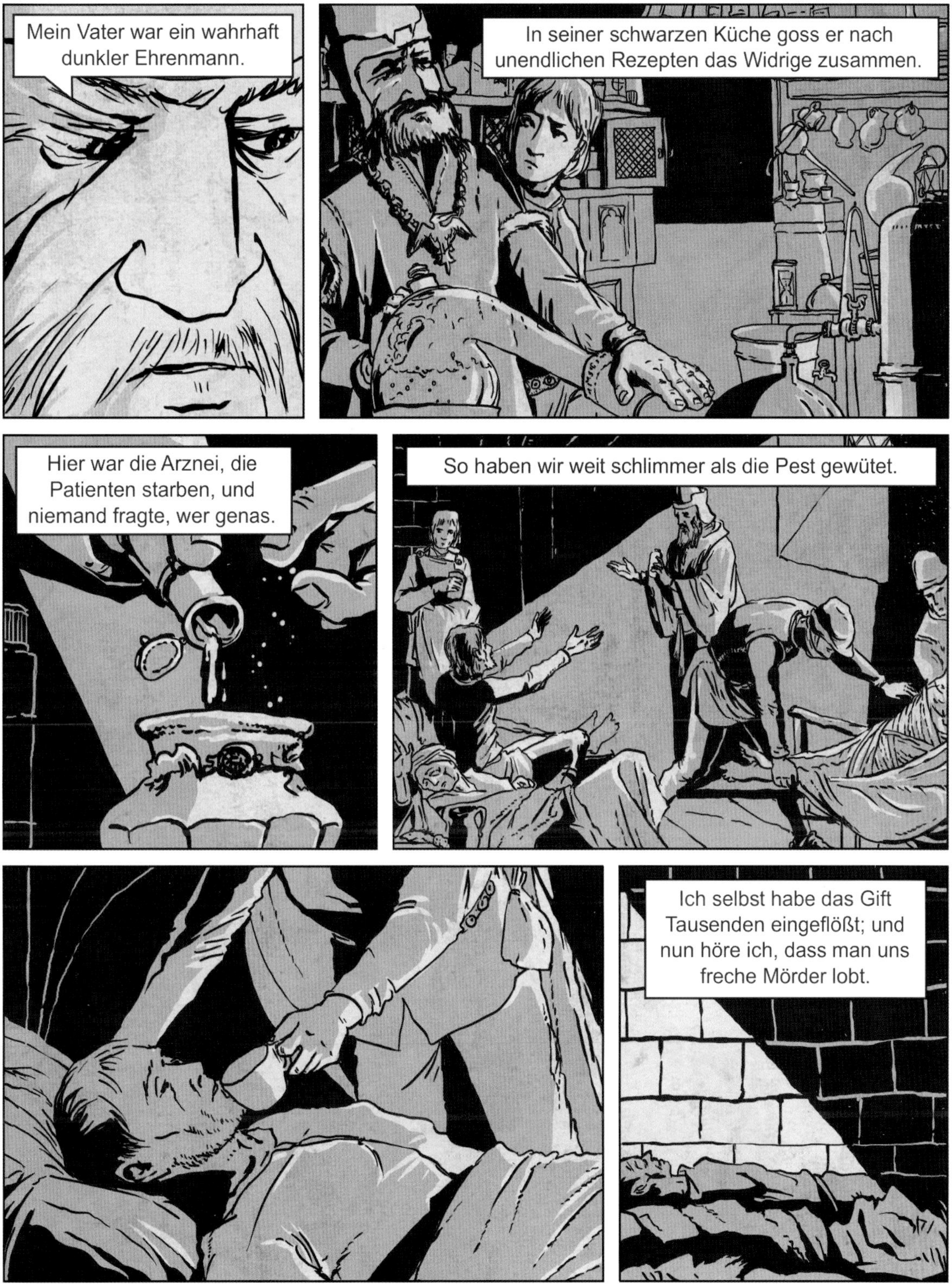
Mein Vater war ein wahrhaft dunkler Ehrenmann.
In seiner schwarzen Küche goss er nach unendlichen Rezepten das Widrige zusammen.
Hier war die Arznei, die Patienten starben, und niemand fragte, wer genas.
So haben wir weit schlimmer als die Pest gewütet.
Ich selbst habe das Gift Tausenden eingeflößt; und nun höre ich, dass man uns freche Mörder lobt.

Betrübt Euch nicht darum! Wenn du als Mann die Wissenschaft vermehrst, kann dein Sohn zu höherem Ziel gelangen.
Glücklich, wer noch hoffen kann, aus diesem Meer des Irrtums aufzutauchen!
Was blickst du so erstaunt hinaus?
Siehst du den schwarzen Hund durch die Felder streifen?
Ich sah ihn schon vor einer ganzen Weile, doch schien er mir nicht wichtig.
Für was hältst du das Tier?
Für einen Pudel.

Merkst du nicht, wie er in einem weiten Kreis um uns her und immer näher jagt? Und irre ich nicht, so zieht er einen Feuerstrudel hinter sich her.

Ich sehe nichts als einen schwarzen Pudel.
Heimlich zieht er magische Schlingen um unsere Füße zu künftigem Band.
Ich sehe ihn ungewiss und furchtsam uns umspringen.
Der Kreis wird eng, schon ist er nah!
Du siehst, es ist ein Hund und kein Gespenst! Er knurrt und zweifelt, weil er statt seines Herrn zwei Unbekannte sieht.

Komm her!
Du hast wohl recht: Ich finde nicht die Spur von einem Geist, und alles ist Dressur.

Lege dich hinter den Ofen nieder, mein bestes Kissen geb ich dir.
Wenn in meiner Zelle die Lampen wieder brennen, dann wird es in meinem Innern hell. Vernunft fängt an zu sprechen und Hoffnung an zu blühen.
Still, Pudel! Zu diesen heiligen Tönen passt dein Geknurre nicht.
Aber ach! Schon fühle ich den heiligen Strom versiegen.

Doch dieser Mangel lässt sich beheben! Ich sehne mich nach Offenbarung. Und wo scheint sie würdiger als im Neuen Testament?
Es drängt mich, das heilige Original einmal in mein geliebtes Deutsch zu übertragen.
Geschrieben steht: ‚Im Anfang war das Wort.‘
Und hier stocke ich schon! Ich kann das Wort unmöglich so hoch einschätzen.
Geschrieben steht: Im Anfang war der Sinn! Aber ist es der Sinn, der alles wirkt? Sollte es nicht heißen: Im Anfang war die Kraft?
Doch auch dabei bleibe ich nicht, sondern schreibe getrost: Im Anfang war die Tat.

Hund, lass das Heulen. Einen Störenfried mag ich nicht in der Nähe leiden.
Aber ... was muss ich sehen!
Mit dem Spruch der Vier will ich dem Tier begegnen.
Salamander soll glühen, Undene sich winden, Sylphe verschwinden, Kobold sich mühen. Wer sie nicht kennte, die Elemente, ihre Kraft und Eigenschaft, wäre kein Meister über die Geister.

Jetzt liegt er da und grinst mich an. Bist du ein Flüchtling der Hölle? So sieh dieses Zeichen, dem sich die schwarzen Scharen beugen.
Verschwind in Flammen, Salamander! Rauschend fließe zusammen, Undene! Leucht in Meteorenschöne, Sylphe! Bring häuslich Hilfe, Incubus! Incubus! Tritt hervor und mache den Schluss.
Steige nicht zur Decke hinan, Nebel! Lege dich zu des Meisters Füßen. Du siehst, dass ich nicht vergebens drohe. Ich versenge dich mit heiliger Flamme!

Wozu der Lärm? Was steht dem Herrn zu Diensten?
Das also verbirgt sich im Pudel: ein Scholastiker! Ich glaube, ich muss lachen. Wie nennst du dich?
Die Frage scheint mir klein, für einen, der das Wort so sehr verachtet.
Bei deinesgleichen erkennt man gewöhnlich das Wesen im Namen. Wer bist du?
Ein Teil von jener Kraft, die stets das Böse will und doch das Gute schafft.
Was meinst du mit diesem Rätsel?
Mein Element ist die Sünde, die Zerstörung, kurz das Böse. Doch die nächsten Male mehr davon! Dürfte ich mich wohl für diesmal entfernen?

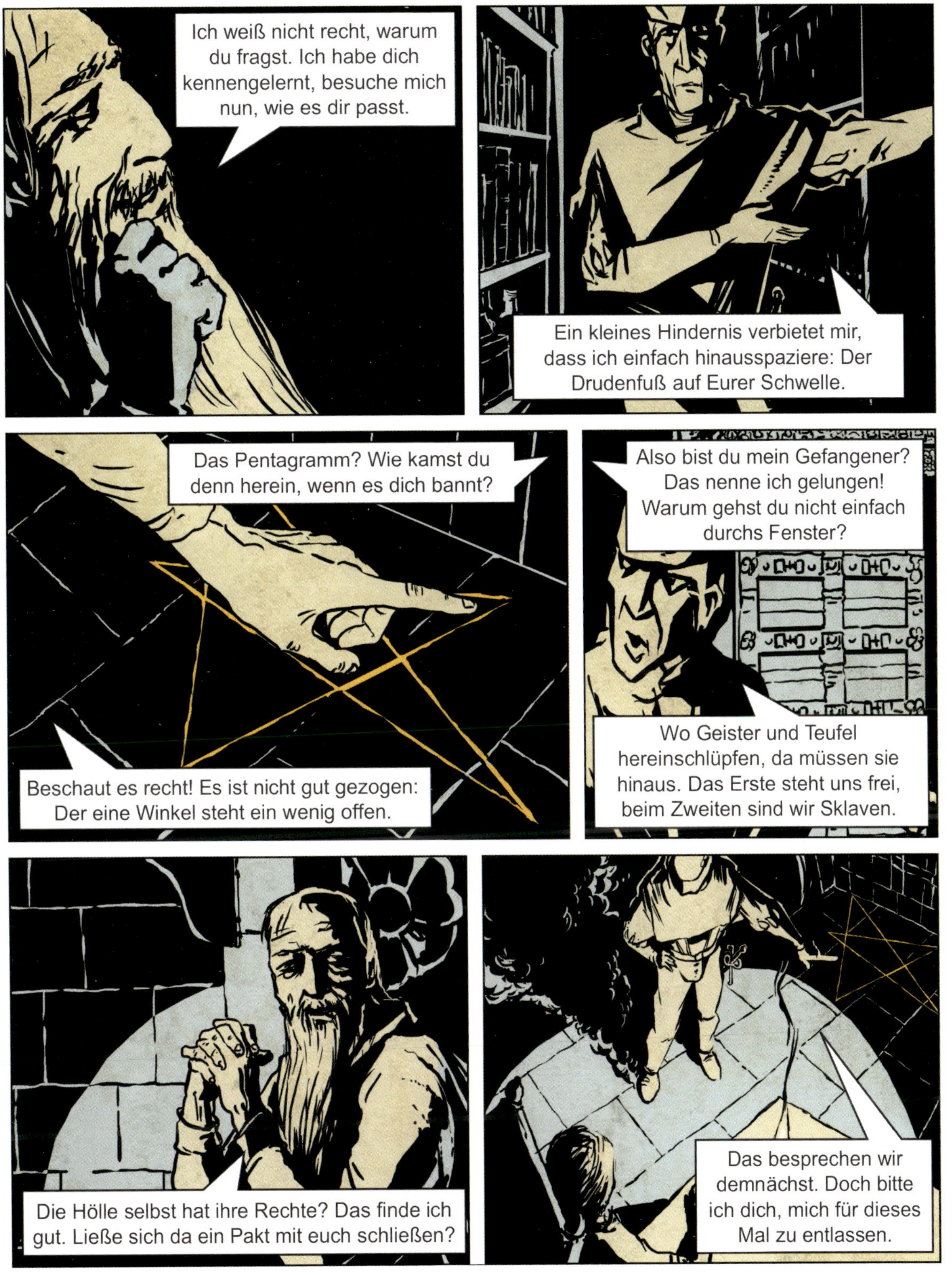

Ich weiß nicht recht, warum du fragst. Ich habe dich kennengelernt, besuche mich nun, wie es dir passt.
Ein kleines Hindernis verbietet mir, dass ich einfach hinausspaziere: Der Drudenfuß auf Eurer Schwelle.
Das Pentagramm? Wie kamst du denn herein, wenn es dich bannt?
Beschaut es recht! Es ist nicht gut gezogen: Der eine Winkel steht ein wenig offen.
Also bist du mein Gefangener? Das nenne ich gelungen! Warum gehst du nicht einfach durchs Fenster?
Wo Geister und Teufel hereinschlüpfen, da müssen sie hinaus. Das Erste steht uns frei, beim Zweiten sind wir Sklaven.
Die Hölle selbst hat ihre Rechte? Das finde ich gut. Ließe sich da ein Pakt mit euch schließen?
Das besprechen wir demnächst. Doch bitte ich dich, mich für dieses Mal zu entlassen.

Nicht ich habe dir nachgestellt, du bist dir selbst ins Garn gegangen. Den Teufel halte, wer ihn hält.
Ich bin gern bereit, dir Gesellschaft zu leisten, doch unter der Bedingung, dir die Zeit durch meine Künste würdig zu vertreiben. Du wirst, mein Freund, in dieser Stunde mehr gewinnen als sonst in einem Jahr.
Schwindet, ihr dunklen Wölbungen droben! Reizender schaue freundlich der blaue Äther herein!
Wären die dunklen Wolken zerronnen, Sternelein funkeln, mildere Sonnen scheinen darein. Himmlischer Söhne geistige Schöne, schwankende Beugung schwebt vorüber.
Sehnende Neigung folgt hinüber; und der Gewänder flatternde Bänder decken die Länder, decken die Laube, wo sich fürs Leben, tief in Gedanken, Liebende geben.

Er schläft! Recht so, ihr luftigen Buben! Für dieses Mal stehe ich in eurer Schuld.
Doch für den Zauber dieser Schwelle, bedarf ich eines Rattenzahns.
Der Herr der Ratten befiehlt dir, diese Schwelle zu benagen.
Nur frisch ans Werk! Die Spitze, die mich bannt, sitzt ganz vorn.
Nun, Faust, du bist noch nicht der Mann, den Teufel festzuhalten! Träume nun fort, bis wir uns wiedersehen!

HHHH!
Hat etwa ein Traum den Teufel mir nur vorgegaukelt?
Herein! Wer ist es?
Ich bin es.

Herein.
Du musst es dreimal sagen.
Herein denn!
So gefällst du mir!
Ich komme, um dir die Grillen auszutreiben, auf dass du endlich erfährst, was das Leben ist.
Was könnte die Welt mir wohl schenken? Der Tod ist mir erwünscht, das Leben mir verhasst.
Und doch hast du den tödlichen Saft in jener Nacht nicht ausgetrunken!
Du spionierst wohl gerne.
Ich bin nicht allwissend, doch vieles ist mir klar.

Ich fluche allem, was die Seele mit Illusionen umspannt.
Verflucht sei, was uns in Träumen von Ruhm und Ehre heuchelt!
Verflucht sei Mammon, wenn er uns zu kühnen Taten regt. Fluch der höchsten Liebe! Fluch der Hoffnung! Fluch dem Glauben! Und Fluch vor allem der Geduld!
Weh! Weh! Du hast sie zerstört, die schöne Welt, mit mächtiger Faust; sie stürzt, sie zerfällt! Ein Halbgott hat sie zerschlagen! Wir tragen die Trümmer ins ...
Schweigt!

Hör auf, mit deinem Gram zu spielen, der dir wie ein Geier am Leben frisst! Geh mit mir vereint durchs Leben und ich werde dir zu Diensten sein.
Und was willst du dafür von mir?
Das hat noch Zeit.
Nein, nein! Der Teufel ist ein Egoist. Sprich die Bedingung deutlich aus!
Dein Leben lang will ich dir dienen, wenn du danach mir zu Diensten sein wirst.
Das Danach kümmert mich wenig. Kann ich mich erst von dieser Erde trennen, mag, was will und kann, geschehen.

So verbinde dich mit mir! Ich gebe dir, was noch kein Mensch gesehen hat.
Werde ich zum Augenblick sagen: Verweile doch! Dann will ich gern zugrunde gehen! Dann mag die Totenglocke schallen, es sei die Zeit für mich vorbei! Die Wette biet ich.
Topp! Ich werde heute beim Schmausen gleich meine Pflicht erfüllen. Nur bitte ich mir noch ein paar Zeilen aus.
Du Pedant forderst auch etwas Geschriebenes? Reicht es nicht, dass mein gesprochenes Wort mich auf ewig binden wird? Was willst du böser Geist von mir? Erz, Papier, Marmor, Pergament?
Wie du übertreibst! Ein Blättchen reicht völlig aus. Du unterzeichnest mit einem Tropfen Blut.

Heinrich Faust
Blut ist ein ganz besonderer Saft.
Nur keine Angst, dass ich dieses Bündnis breche! In deinen Rang gehöre ich ganz allein.

Das lässt sich hören! So geh mit mir in die Welt hinein!
Wie fangen wir das an?
Wir gehen eben fort. Das Beste, was du wissen kannst, darfst du den Schülern doch nicht sagen. Schon hör ich einen auf dem Gang.
Ich kann mich jetzt unmöglich um ihn kümmern.
Der arme Knabe wartet schon, komm, gib mir deinen Umhang, die Maske muss mir köstlich stehen.
Ich brauche eine Viertelstunde, mach dich derweil zur Fahrt bereit.
Verachte nur Vernunft und Wissenschaft, lass dich in Blend- und Zauberstücken vom Lügengeist bestärken, so hab ich dich schon unbedingt!

Tretet ein!

Ich komme voll Ergebenheit, einen Mann zu sprechen, den alle mir mit Ehrfurcht nennen.
Eure Höflichkeit erfreut mich sehr! Ich bin ein Mann wie andere auch. Habt ihr Euch schon umgesehen?
Ich bitte Euch, nehmt Euch meiner an! Ich komme mit allem frischen Mut und möchte gern was Rechtes lernen.
Da seid Ihr eben am richtigen Platz. Was für eine Fakultät wählt Ihr?
Recht gelehrt will ich werden und erfahren, was auf Erden und im Himmel ist. Doch würden mir auch ein wenig Freiheit und Zeitvertreib zusagen.

Ich rate Euch zuerst zum Collegium Logicum. Da wird Euch der Geist wohl dressiert. Wer was Lebendiges erkennen und beschreiben will, sucht zuerst den Geist herauszutreiben. Encheiresin naturae nennt es die Chemie.
Ich kann Euch eben nicht ganz folgen.
Das wird nächstens schon besser gehen, wenn Ihr lernt, wie alles gehörig reduziert und klassifiziert wird.
Mir wird von alledem so dumm.
Nachher müsst Ihr Euch an die Metaphysik machen! Dort werdet Ihr tiefsinnig erkennen, was nicht in das Hirn des Menschen passt.
Seid mit dem Glockenschlag im Saal und wohl präpariert, mit einstudierten Paragraphen.
Seht dann, dass Ihr nichts sagt, als was im Buche steht.
Und schreibt, als ob Euch der Heilige Geist diktierte.

Das sollt Ihr mir nicht zwei Mal sagen. Was man schwarz auf weiß besitzt, kann man getrost mit nach Hause nehmen.
Doch wählt mir eine Fakultät.
Zur Rechtsgelehrsamkeit kann ich mich nicht bequemen.
Das kann ich Euch nicht verübeln. Gesetze und Rechte vererben sich wie eine ewige Krankheit. Vernunft wird Unsinn, Wohltat Plage.
Mein Abscheu wird durch Euch noch vermehrt. Fast möchte ich nun Theologie studieren.
Was diese Wissenschaft betrifft, will ich Euch nicht irreführen. Es liegt viel verborgenes Gift in ihr, das man von der Arznei kaum unterscheiden kann.
Verzeiht, wenn ich Euch aufhalte, doch könnt Ihr mir nicht auch ein kräftiges Wörtchen zur Medizin mitgeben? Drei Jahre sind eine kurze Zeit. Und das Feld ist gar zu groß.

Der Geist der Medizin ist leicht zu fassen. Ihr studiert die große und die kleine Welt und lasst es am Ende gehen, wie es Gott gefällt.
Und das ewige Weh der Weiber lässt sich aus einem Punkte kurieren. Wenn Ihr Euch nur halbwegs ehrbar gebt, dann habt Ihr sie alle unterm Hut. Der Titel wird sie recht vertraulich machen.
Zum Willkommen tappt Ihr dann nach all den Dingen, nach denen andere viele Jahre schmachten!
Das sieht schon besser aus! Man sieht doch, wie und wo.
Grau, teurer Freund, ist alle Theorie und grün der goldene Baum des Lebens.
Mir ist, als ob ich träume! Dürfte ich wohl ein andermal mehr von Eurer Weisheit hören?
Was ich vermag, soll gern geschehen.

Wohin soll es nun gehen?
Wohin es dir gefällt!
Ich wusste nie mich in die Welt zu schicken. Mir fehlt die leichte Lebensart. Vor anderen fühle ich mich so klein.
Mein guter Freund, sobald du dir vertraust, so bald weißt du zu leben.
Wie kommen wir denn fort?
Wir breiten nur den Mantel aus, der wird uns durch die Lüfte tragen.

Will keiner trinken? Keiner lachen?
Das liegt an dir, du erzählst nicht eine Dummheit, keine Sauerei.
Das liebe Heilge Römische Reich, wie hälts nur noch zusammen?
Ein garstiges Lied! Ein politisches Lied! Dankt Gott mit jedem Morgen, dass ihr nicht fürs Römische Reich zu sorgen habt. Ich wenigstens bin dankbar dafür, dass ich nicht Kaiser oder Kanzler bin.
Vor allen Dingen muss ich dich in lustige Gesellschaft bringen, damit du siehst, wie leicht es sich leben lässt.
Für wen hältst du die beiden?
Für stolze und unzufriedene Gecken aus edlem Haus. Lasst mich nur machen! Den Burschen ziehe ich die Würmer aus der Nase.

Den Teufel spürt das Völkchen nie,
und wenn er sie beim Kragen hätte.
Seid uns gegrüßt, ihr Herren. Wir hörten jemanden singen. Gewiss, der Gesang muss trefflich von dieser Wölbung widerhallen.
Seid Ihr gar ein Virtuose?
O nein! Die Kraft ist schwach, allein die Lust ist groß.
Gebt uns ein Lied!
Wenn ihr begehrt.
Aber nur ein nagelneues.

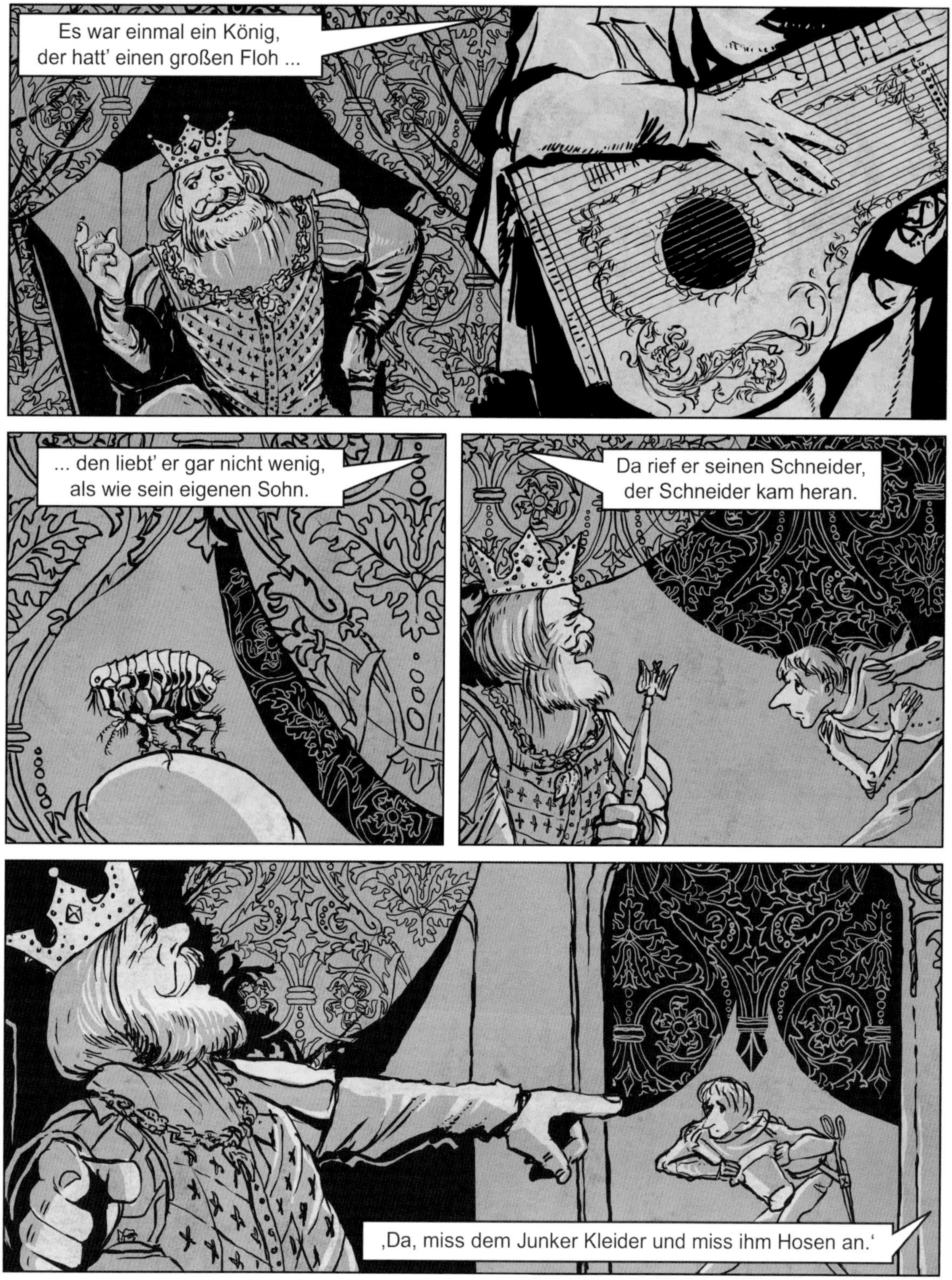
Es war einmal ein König,
der hatt' einen großen Floh ...
... den liebt' er gar nicht wenig,
als wie sein eigenen Sohn.
Da rief er seinen Schneider,
der Schneider kam heran.
'Da, miss dem Junker Kleider und miss ihm Hosen an.'

In Sammet und Seide war er nun angetan, hatte Bänder auf dem Kleide, hatt' auch ein Kreuz daran, und war sogleich Minister und hatte einen großen Stern.
Da wurden seine Geschwister bei Hof auch große Herrn.
Und Herrn und Fraun am Hofe, die waren sehr geplagt, die Königin und die Zofe gestochen und genagt, und durften sie nicht knicken und weg sie jucken nicht.
Wir knicken und ersticken doch gleich, wenn einer sticht.

Bravo! Bravo! Das war gut.
Es lebe die Freiheit! Es lebe der Wein!
Nur zu gern gäbe ich solch werten Gästen wie euch etwas aus meinem eigenen Keller zu trinken.
Immer her damit!
Was auch immer ihr zu schmecken wünscht, gleich wird es in Strömen fließen.

Verschafft uns ein wenig Wachs, um die Pfropfen zu machen.
Ihr haltet uns zum Besten.
Das wäre ein bisschen viel gewagt.

Trauben trägt der Weinstock, Hörner der Ziegenbock! Der Wein ist saftig,
Holz die Reben, der hölzerne Tisch kann Wein auch geben.
Ein tiefer Blick in die Natur! Hier ist ein Wunder, glaubet nur!
Nun zieht die Pfropfen
heraus und genießt!
Und dass ihr mir ja
nichts vergießt!
Uns ist so kannibalisch wohl,
als wie fünfhundert Säuen!

Gib nur acht, ihre Bestialität wird sich gleich herrlich offenbaren.
Helft! Feuer! Helft!
Ruhig, freundliches Element!
Dafür werdet Ihr zahlen!

Still, du altes Weinfass!
Wartet nur! Das wird Schläge geben!
Ich brenne, ich brenne!
Zauberei! Stoßt zu! Der Kerl ist vogelfrei!
Falsch Gebild und Wort! Verändern Sinn und Ort! Seid hier und dort!

Welch schönes Land!
Wo bin ich?
Weinberge! Seh ich recht?
Seht, welch ein Stock, welche Traube!
Irrtum, lass los der Augen Band! Und merkt euch, wie der Teufel spaße!

HAHAHA!

Auerbachs Keller

Es scheint, die Frau
ist nicht zu Hause?
Sie ist beim Schmausen,
den Schornstein hinaus.
Was bereitet ihr dort zu?
Bettelsuppen.
Da habt ihr gewiss ein
großes Publikum.

Und das Sieb? Wozu braucht ihr es?
Mit dem Sieb kann ich einen Gauner sogleich erkennen.

Was für eine himmlische Frau zeigt sich in diesem Zauberspiegel! O Liebe, führe mich zu ihr.
Das schönste Bild von einer Frau! So etwas findet sich auf Erden?
Natürlich, wenn ein Gott sich erst sechs Tage plagt, da muss es was Gescheites werden. Für diesmal sieh dich nur immer satt! Ich weiß dir so ein Schätzchen aufzuspüren.

Au! Au! Au! Verdammtes Tier,
du versengst mich.

Wer seid ihr? Was wollt ihr hier?
Entzwei! Entzwei! Da liegt der Brei. Da liegt das Glas! Der Takt, du Aas, zu deiner Melodei.
Die Feuerpein euch ins Gebein!
Erkennst du mich? Gerippe! Erkennst du deinen Herrn und Meister?

O Herr, verzeiht den rohen Gruß! Ohne Euren Pferdefuß und die beiden Raben habe ich Euch nicht erkannt.
Für diesmal kommst du so davon; schließlich ist es schon eine Weile her, dass wir uns gesehen haben.
Ich verliere vor Freude den Verstand, dass ich den Junker Satan wieder bei mir sehe. Sagt mir, wie ich Euch zu Diensten sein kann.
Mit einem guten Glas vom bekannten Saft für meinen Freund hier! Und ich bitte dich um den ältesten Tropfen, denn die Jahre doppeln seine Qualität.
Nur zu gern! Doch wird dieser Mann sterben, wenn er ihn unvorbereitet trinkt.
Zieh du nur deinen Kreis, sprich deine Sprüche und gib ihm eine Tasse voll, den Rest lass meine Sorge sein.

Was soll das alles?

Sie muss einen solchen Hokuspokus machen, damit dir der Tropfen die Jahre vom Leibe schaffen kann.
Du musst verstehen! Aus Eins mach Zehn, und Zwei lass gehen, und Drei mach gleich, so bist du reich.
Verlier die Vier! Aus Fünf mach Sechs – so sagt die Hex – mach Sieben und Acht, so ists vollbracht: Und Neun ist Eins, und Zehn ist keins. Das ist das Hexen-Einmaleins!
Die Alte spricht im Fieber!
Die hohe Kraft der Wissenschaft, der ganzen Welt verborgen! Und wer nicht denkt, dem wird sie geschenkt. Er hat sie ohne Sorgen.

AHH! Ich halte es nicht mehr aus. Der Kopf will mir zerbrechen. Ich hör einen ganzen Chor von hunderttausend Narren.
Genug, genug! Gib ihm deinen Trank, meinem Freund wird er nicht schaden.

Nur frisch hinunter! Bist mit dem Teufel auf du und du und scheust dich vor der Flamme? HA!

Und jetzt hinaus! Du musst in Bewegung bleiben, damit dich die Kraft des Tranks durchdringt.
Lass mich schnell noch einen Blick in den Spiegel werfen!
Nein! Nein! Du sollst das Muster aller Frauen bald leibhaftig vor dir sehen.

Schönes Fräulein, darf ich Ihnen mein Geleit antragen?
Ich ... ich bin nicht schön und auch kein Fräulein. Ich kann allein nach Hause gehen.
Beim Himmel, dieses Kind ist schön!
Du musst mir die Dirne beschaffen!

Die? Sie kam von ihrem Pfaffen, der sie von allen Sünden freisprach. Für eben nichts ging sie zur Beichte. Über die habe ich keine Gewalt.
Ich sage dir klipp und klar: Wenn das süße Ding heute Nacht nicht in meinen Armen ruht, sind wir um Mitternacht geschieden!
So muss ich wohl deinem Schmerz förderlich sein. Noch heute Abend führe ich dich in ihr Zimmer.
Und ich soll sie sehen? Sie haben?
Später. Sie wird bei einer Nachbarin sein. Derweil kannst du in ihrem Zimmer auf künftige Freuden hoffen.
Du besorgst mir ein Geschenk für sie!

Wenn ich nur wüsste, wer der Herr heute war.
Er stammt gewiss aus einem edlen Haus, sonst wäre er nicht so keck gewesen.

Herein, ganz leise, nur herein.

Nicht jedes Mädchen hält so rein.
Ich bitte dich, lass mich allein.
In dieser Armut welche Fülle! In diesem Kerker welche Seligkeit!

O Mädchen, die Hütte wird durch dich ein Himmelreich.
Sie kommt!
Hier ist ein Kästchen voller Schmuck, fragt nicht, wo ich es hergenommen habe. Stellt es in ihren Schrein, und ich schwöre Euch, ihr vergehen die Sinne.
Ich weiß nicht. Soll ich?

Das fragt Ihr noch?
Nur fort! Schnell!

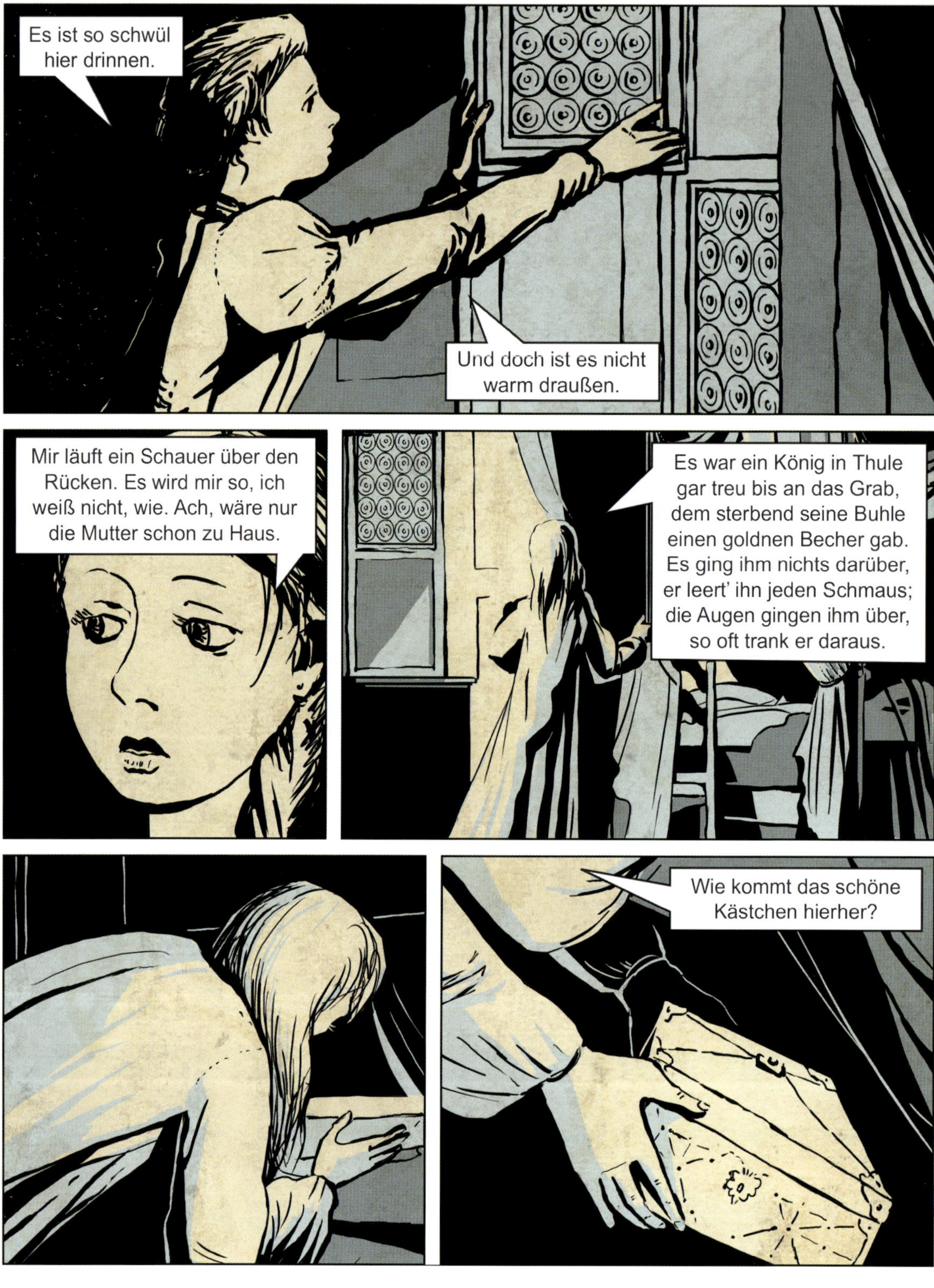

Es ist so schwül hier drinnen.
Und doch ist es nicht warm draußen.
Mir läuft ein Schauer über den Rücken. Es wird mir so, ich weiß nicht, wie. Ach, wäre nur die Mutter schon zu Haus.
Es war ein König in Thule gar treu bis an das Grab, dem sterbend seine Buhle einen goldnen Becher gab. Es ging ihm nichts darüber, er leert' ihn jeden Schmaus; die Augen gingen ihm über, so oft trank er daraus.
Wie kommt das schöne Kästchen hierher?

Bei aller verschmähten Liebe! Beim höllischen Element! Ich wollte, ich wüsste was Ärgeres, dass ich es fluchen könnte!
Was hast du?
Denkt nur: Gretchens Schmuck hat ein Pfaffe hinweggerafft!
Die Mutter kriegt das Ding zu schauen ...
... und schon graut es ihr heimlich.
Sie ließ einen Pfaffen kommen ...

... der ließ sich den Anblick wohl behagen.
So ist es recht, meine Frauen! Wer überwindet, der gewinnt! Allein der Kirche gebührt ungerechtes Gut!
Und Gretchen?
Sie weiß weder, was sie will, noch, was sie soll. Sie denkt die ganze Zeit ans Geschmeide und noch mehr an den, der es ihr gebracht hat.
Ihr Kummer tut mir leid. Du beschaffst ihr gleich ein neues Kästchen! Und mach es richtig. Häng dich an ihre Nachbarin!

Mein lieber Mann hat an mir nicht wohlgetan! Geht da stracks in die Welt hinein und lässt mich und die Kinder allein zurück.
Vielleicht ist er gar tot! Hätte ich doch nur einen Totenschein!
Wer ist da?
Ich bin es, Frau Marthe, Gretchen.
Gretelchen, was gibt's?
Fast sinken mir die Knie nieder! In meinem Schrein fand ich ein zweites Kästchen voller Schmuck, weit reicher, als das erste war.
Sag es bloß nicht deiner Mutter, die würde es doch nur wieder zur Beichte tragen.

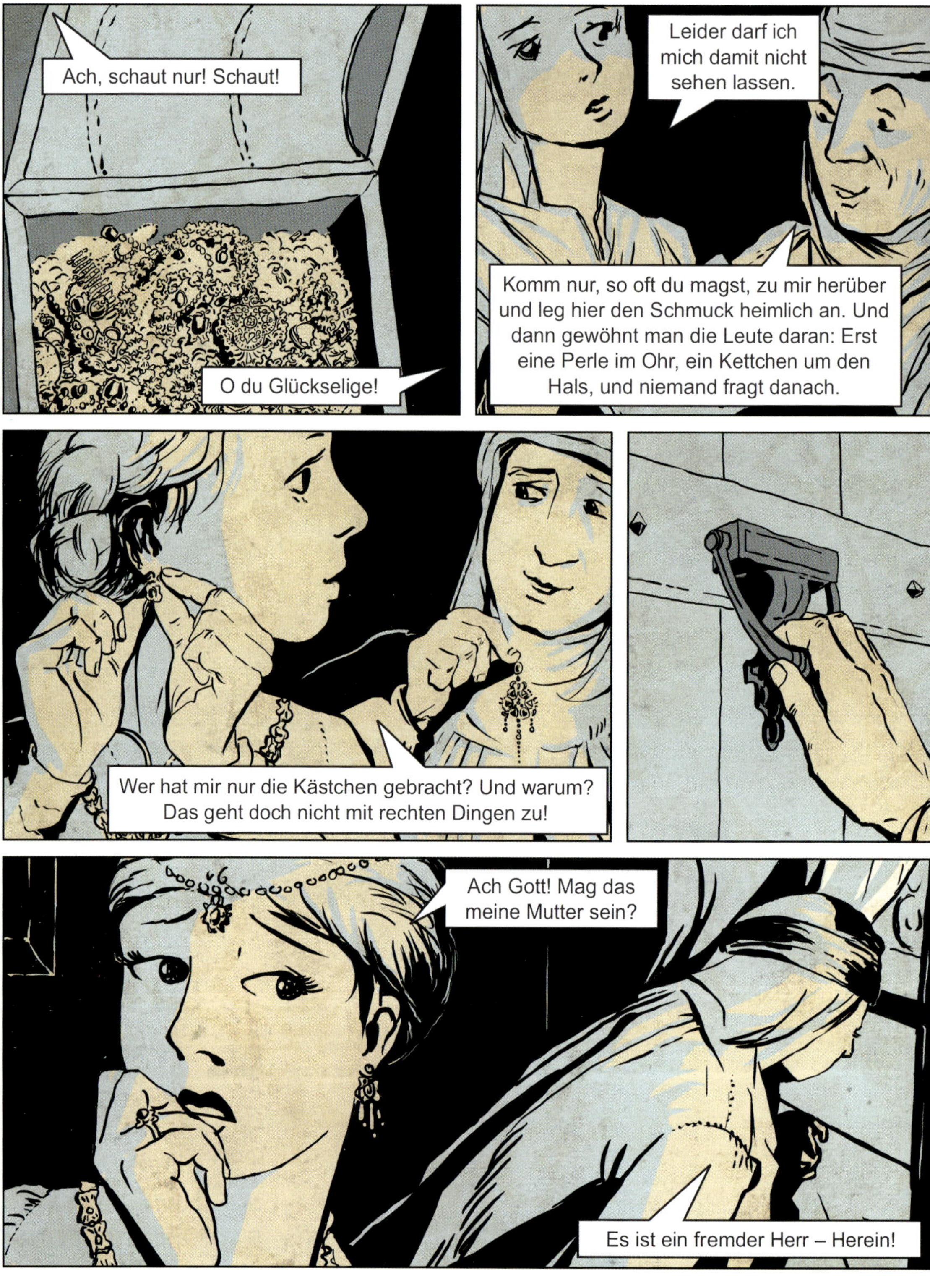
Ach, schaut nur! Schaut!
O du Glückselige!
Leider darf ich mich damit nicht sehen lassen.
Komm nur, so oft du magst, zu mir herüber und leg hier den Schmuck heimlich an. Und dann gewöhnt man die Leute daran: Erst eine Perle im Ohr, ein Kettchen um den Hals, und niemand fragt danach.
Wer hat mir nur die Kästchen gebracht? Und warum? Das geht doch nicht mit rechten Dingen zu!
Ach Gott! Mag das meine Mutter sein?
Es ist ein fremder Herr – Herein!

Ich bitte die Frauen um Verzeihung. Ich wollte nach Marthe Schwerdtlein fragen!
Das bin ich!
Sie hat da gar vornehmen Besuch. Verzeiht mein Eindringen, ich will später wiederkommen.
Denk, Kind, der Herr hält dich für ein Fräulein.
Ach Gott! Ich bin ein armes junges Blut, der Schmuck und das Geschmeide sind nicht mein.
Es ist nicht allein der Schmuck, es ist Euer Wesen, der scharfe Blick! Wie freut es mich, dass ich bleiben darf!
Was bringt Ihr denn?

Ich wollte, ich hätte eine frohere Mär! Bitte lasst es mich nicht büßen: Euer Mann ist tot.
Ist tot? Das treue Herz! Mein Mann ist tot! Ach, ich vergeh!
Ach, liebe Frau, verzweifelt nicht!
Er liegt in Padua begraben, beim heiligen Antonius, an einer wohlgeweihten Stätte.
Habt Ihr mir sonst nichts weiter mitzuteilen?
Doch, lasst bitte dreihundert Messen für ihn singen! Im Übrigen sind meine Taschen leer.
Leer?

Madame, so leid es mir tut, er hat sein Geld wahrhaftig nicht verzettelt. Auch hat er seine Fehler sehr bereut.
Ich werde für ihn beten.
Ihr wäret es wert, gleich in die Ehe zu treten.
Ach nein, dafür ist es viel zu früh.
Ist es nicht ein Mann, sei es derweil ein Galan! Es ist eine der größten Himmelsgaben, so ein lieb Ding im Arm zu halten.
Das ist nicht Brauch des Landes.
Brauch oder nicht! Es gibt sich auch.

Erzählt mir von ihm! Von seiner letzten Stunde! Ich will alles wissen!

Ich stand an seinem Sterbebett aus halbverfaultem Stroh. Er starb als Christ und fand, dass er noch weit mehr auf der Zeche hätte.

Wie ich mich von Grund auf hassen muss, so mein Weib zu verlassen! Ach, die Erinnerung tötet mich! Vergäbe sie mir nur noch in diesem Leben!

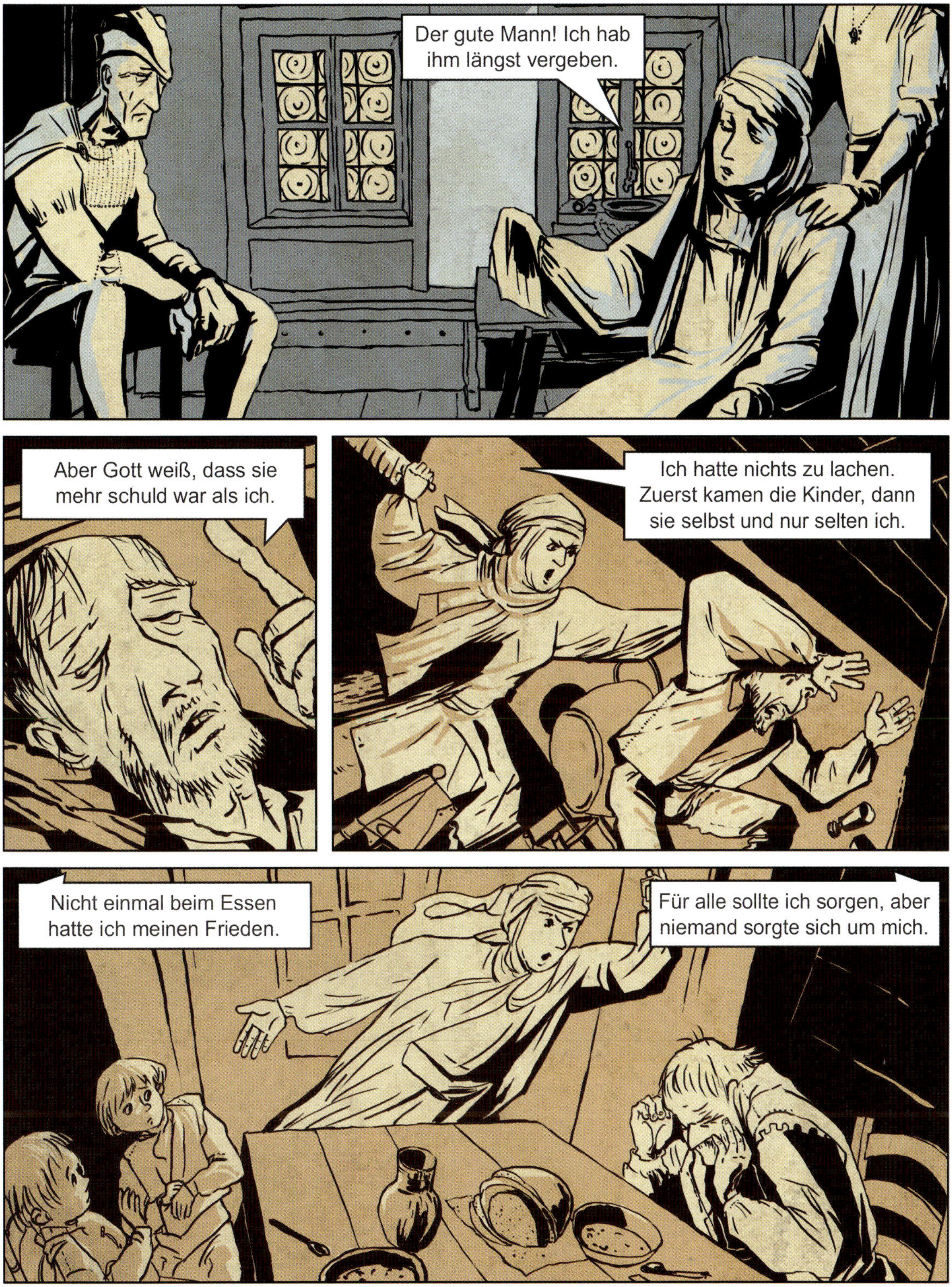
Der gute Mann! Ich hab ihm längst vergeben.
Aber Gott weiß, dass sie mehr schuld war als ich.
Ich hatte nichts zu lachen. Zuerst kamen die Kinder, dann sie selbst und nur selten ich.
Nicht einmal beim Essen hatte ich meinen Frieden.
Für alle sollte ich sorgen, aber niemand sorgte sich um mich.

Er lügt! Er lügt am Rande des Grabs!
Er fabelte gewiss in letzten Zügen, wenn ich auch nur halb ein Kenner bin.
Hat er so die Treue, die Liebe, die Plackerei bei Tag und Nacht vergessen?
Wäre ich an Eurer Stelle, betrauerte ich ihn ein Jahr und hielte derweil Ausschau nach einem neuen Schatz.
Ach Gott! Einen wie ihn finde ich nicht wieder.
Nun, nun, so könnte es gehen und stehen, wenn er Euch ungefähr so viel von seiner Seite nachgesehen hätte wie Ihr ihm. Ich schwöre Euch: Ich selbst wechselte mit Euch den Ring.
O, es beliebt dem Herrn zu scherzen!

Nun mach ich mich besser auf! Die hielte wohl den Teufel selbst beim Wort.
Lebt wohl, ihr Frauen!
Eines noch – ich hätte gern ein Zeugnis, wo, wie und wann mein Schatz gestorben ist. Ich möchte ihn auch tot im Wochenblättchen lesen.
Ja, gute Frau, zwei Zeugen künden allerwegs die Wahrheit. Ich habe noch einen Gesellen, den bringe ich her. Wird die Jungfrau auch da sein? Mein Freund ist weit gereist, und einem Fräulein erweist er alle Höflichkeit.
Ich müsste vor dem Herrn schamrot werden.
Vor keinem König der Erde!
In meinem Garten hinterm Haus wollen wir die Herrn heute Abend erwarten.

Wie ist es? Was hat sie gesagt? Kann ich sie sehen?
Ah bravo! Ich finde Euch in Flammen vor! In kurzer Zeit ist Gretchen Euer! Heute Abend sollt Ihr sie bei Nachbarin Marthe sehen. Das ist ein Weib wie gemacht zur Kupplerin!
Doch wird auch etwas von uns verlangt: Ein Zeugnis, dass die ausgestreckten Glieder ihres Ehemanns in Padua an heiliger Stätte ruhen.
So müssen wir uns erst auf die Reise nach Padua machen.
Sancta simplicitas! Darum ist es nicht zu tun. Bezeugt nur, ohne viel zu wissen.

Wenn du nichts Besseres weißt, so ist der Plan dahin.
O heiliger Mann! Ist es das erste Mal in Eurem Leben, dass Ihr falsches Zeugnis ablegt?
Du bist und bleibst ein Lügner!
Ja, wenn man es nicht ein bisschen besser wüsste! Werden Sie heute Abend das arme Gretchen betören und ihr Liebe schwören, oder nicht?
Und zwar von Herzen.

Dann wird von ewiger Liebe und Treue die Rede sein, nicht wahr? Wird das auch so von Herzen gehen?
Lass das! Wenn ich die Glut, die in mir brennt, unendlich, ewig, ewig nenne, ist das dann ein teuflisches Lügenspiel?
Ich habe doch recht!
Wer recht behalten will und nur eine Zunge hat, behält es gewiss. Nun komm, ich bin des Schwätzens überdrüssig.

Ich fühle es wohl, Ihr schont mich. Als Reisender nehmt Ihr aus Gütigkeit fürlieb. Ich weiß nur zu gut, dass mein armes Gespräch Euch nicht unterhalten kann.
Ein Blick, ein Wort von dir unterhält mehr als alle Weisheit dieser Welt.
Inkommodiert Euch nicht! Sie ist von all der Arbeit so garstig und rau!

Und Ihr reist immer so fort, mein Herr?
Ach, Gewerbe und Pflicht treiben uns dazu! Mit wie viel Schmerz verlässt man manchen Ort und darf nicht bleiben, so sehr man es auch wünscht!
In raschen Jahren geht es wohl an, so frei durch die Welt zu streifen. Doch kommt einmal die böse Zeit, und sich als Hagestolz allein zum Grab zu tragen, das hat noch keinem wohlgetan.
Mit Grausen sehe ich diese Zeiten nahen.
Drum, werter Herr, beratet Euch in Zeiten!

Ihr seid verständiger, als ich es bin.
O Beste! Glaub mir, was man so verständig nennt, ist oft mehr Eitelkeit und Kurzsinn.
Wie?
Ach, dass die Unschuld nie sich selbst und ihren heiligen Wert erkennt!
Werdet Ihr an mich denken? Wenn Ihr wieder fort seid, meine ich. Denn ich werde Zeit genug haben, an Euch zu denken.
Du bist wohl viel allein?
Ja.

Ein Hagestolz ist schwerlich zu überzeugen.
Es käme nur auf Euresgleichen an, mich eines Bessern zu belehren.
Sagt, mein Herr, hat sich Euer Herz nicht irgendwo gebunden?
Das Sprichwort sagt: Ein eigener Herd, ein braves Weib sind Gold und Perlen wert.
Ich wollte sagen: War es nie Ernst in Eurem Herzen?
Mit Frauen soll man sich nie unterstehen zu scherzen.

Du hast mich erkannt, gleich, als ich in den Garten kam, mein kleiner Engel?
Saht Ihr es nicht? Ich schlug die Augen nieder.
Und du verzeihst die Freiheit, die ich mir nahm?
So etwas war mir noch nie geschehen. Niemand konnte etwas Schlechtes von mir sagen. Doch war ich recht bös auf mich, dass ich Euch nicht böser sein konnte.

Pflückst du mir einen Strauß?
Nein, nur ein Spiel.
Was für ein Spiel?
Geht! Ihr lacht mich aus.
Er liebt mich – liebt mich nicht.
Du holdes Himmelsgesicht.

Liebt mich – nicht –
liebt mich – nicht.
Er liebt mich!
Ja, mein Kind! Er liebt
dich! Verstehst du, was
das heißt? Er liebt dich!

Die Nacht bricht an.
Ja, und wir wollen fort.

Und unser Pärchen?
Ist in den Gang dort entschwebt.

Er scheint ihr gewogen.
Und sie ihm auch. Das ist der Lauf der Welt.

Er kommt!

Du Schelm, so neckst du mich!
Bester Mann! Von Herzen lieb ich dich!
Wer da?

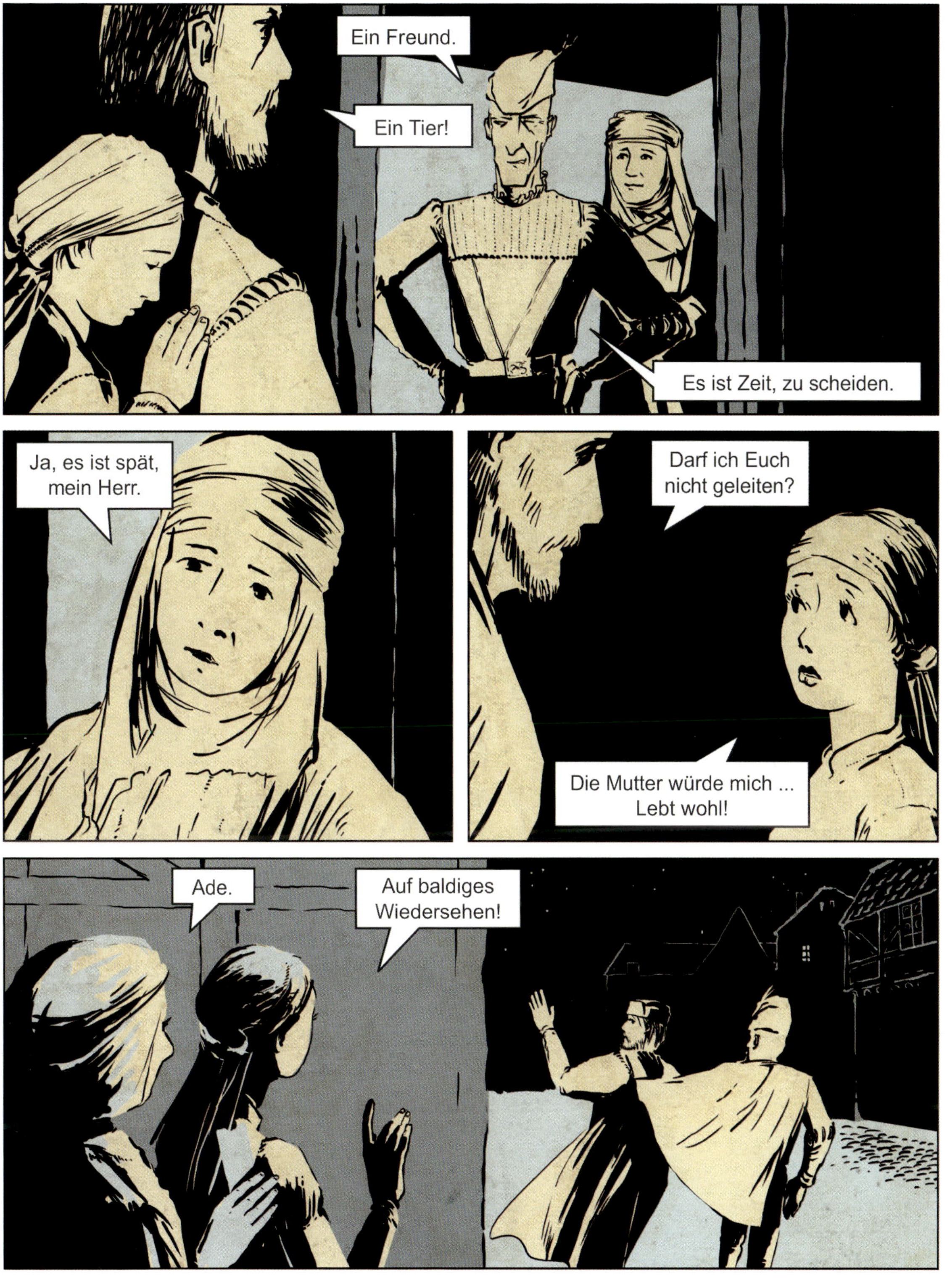
Ein Freund.
Ein Tier!
Es ist Zeit, zu scheiden.
Ja, es ist spät, mein Herr.
Darf ich Euch nicht geleiten?
Die Mutter würde mich ... Lebt wohl!
Ade.
Auf baldiges Wiedersehen!

Du gabst mir alles, worum ich bat, erhabener Geist. Nicht umsonst hast du mir dein Angesicht im Feuer zugewendet.
Du zeigst mich mir selbst, geheime, tiefe Wunder öffnen sich. Ich weiß nun, dass dem Menschen nichts Vollkommenes wird.
Du gabst mir zu dieser Wonne, die mich den Göttern nah und näher bringt, den Gefährten, den ich schon nicht mehr entbehren kann, auch dann nicht, wenn er mich vor mir selbst erniedrigt.

Habt Ihr nun genug vom Leben?
Ich wollte, du hättest mehr zu tun, als mich zu ärgern.
Nun, nun! An Sie, unhold, barsch und toll, wie Sie sind, ist wahrlich wenig zu verlieren.
Du willst also noch Dank dafür, dass du mich reizt.
Ohne mich wärst du schon längst von diesem Erdball abspaziert. Vor was versteckst du dich in dieser nassen Höhle? Steckt dir der Doktor noch im Leib?
Du verstehst nicht, wie sehr mich der Wandel in der Öde erneuert. Ja, würdest du es ahnen, du wärst Teufel genug, mir mein Glück nicht zu gönnen!

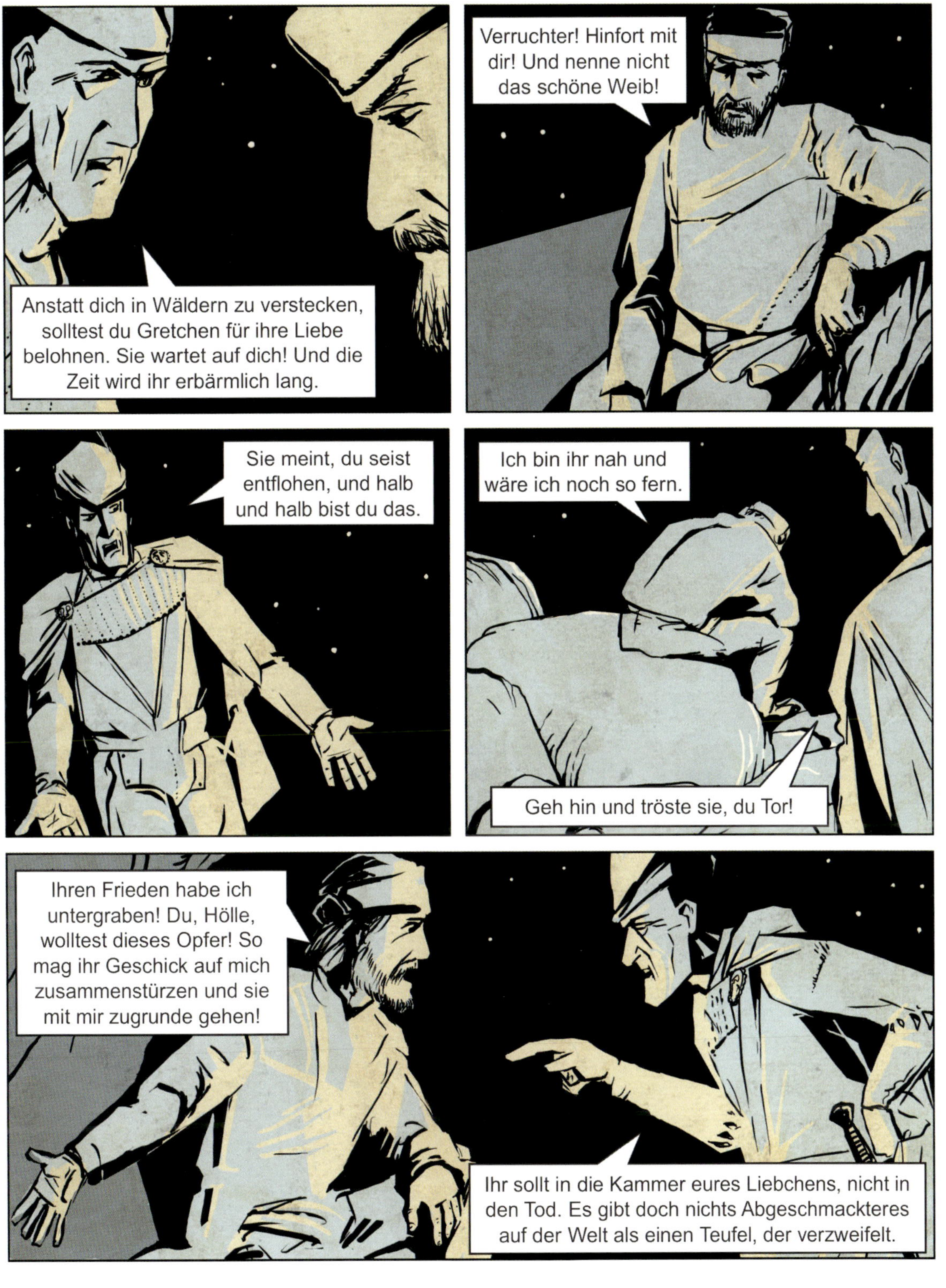
Anstatt dich in Wäldern zu verstecken, solltest du Gretchen für ihre Liebe belohnen. Sie wartet auf dich! Und die Zeit wird ihr erbärmlich lang.
Verruchter! Hinfort mit dir! Und nenne nicht das schöne Weib!
Sie meint, du seist entflohen, und halb und halb bist du das.
Ich bin ihr nah und wäre ich noch so fern.
Geh hin und tröste sie, du Tor!
Ihren Frieden habe ich untergraben! Du, Hölle, wolltest dieses Opfer! So mag ihr Geschick auf mich zusammenstürzen und sie mit mir zugrunde gehen!
Ihr sollt in die Kammer eures Liebchens, nicht in den Tod. Es gibt doch nichts Abgeschmackteres auf der Welt als einen Teufel, der verzweifelt.

Meine Ruh ist hin, mein Herz ist schwer;
ich finde sie nimmer und nimmermehr.
Wo ich ihn nicht hab, ist mir das Grab,
die ganze Welt ist mir vergällt.
Seufz.

Sag mir, Heinrich: Wie hast du's mit der Religion?
Ich will niemandem sein Gefühl und seine Kirche stehlen.
Glaubst du an Gott?
Ja, ich glaube an ihn, den Allumfasser, den Allerhalter, der dich und mich umfasst und erhält.
Schau ich ihn nicht in deinen Augen?
Unsere Herzen sind erfüllt von ihm, so groß ist er, und wenn wir ganz in den Gefühlen selig sind, nenne es dann, wie du willst:
Nenne es Glück! Herz! Liebe! Gott! Ich habe keinen Namen dafür! Gefühl ist alles! Name ist nur Schall und Rauch.

Wenn man es so hört, möchte es leidlich scheinen, aber es steht nicht gut darum. Heinrich, du hast kein Christentum!
Liebes Kind!
Es schmerzt mich, wenn ich sehe, in welcher Gesellschaft du dich befindest. Der Mensch, der dich begleitet, ist mir in tiefer innerer Seele verhasst.
Fürchte ihn nicht!
Es steht ihm auf der Stirn geschrieben, dass er nicht eine Seele lieben kann. In deinem Arm wird mir so wohl und frei, doch in seiner Gegenwart schnürt es mir das Innere zu.
Du ahnungsvoller Engel!

Ich muss nun fort.
Darf ich denn nie länger bei dir verweilen?
Ach, wenn ich nur alleine schliefe! Gern ließe ich dir heute Nacht den Riegel offen; doch meine Mutter schläft nicht tief, und würden wir von ihr überrascht, wäre ich auf der Stelle tot!
Hier ist ein Fläschchen! Drei Tropfen in ihren Abendtrunk und sie schläft den tiefsten Schlaf.
Es wird ihr hoffentlich nicht schaden?
Würde ich es dir sonst geben, mein Liebe?
Ich habe schon so viel für dich getan, dass mir fast nichts mehr zu tun übrig bleibt.

Ah, dem Herrn Doktor wurde der Katechismus abverlangt. Ich hoffe, es bekommt Euch wohl. Die Mädels sind doch sehr daran interessiert, ob einer fromm und schlicht ist. Sie denken: Duckt er da, folgt er uns auch.
Du Spottgeburt aus Dreck und Feuer!
Und die Physiognomie versteht sie meisterlich: In meiner Gegenwart wird es ihr, sie weiß nicht wie, sie fühlt, dass ich ein Genie, vielleicht sogar der Teufel bin. Nun, heute Nacht?
Was geht dich das an?
Nichts. Ich freue mich nur für dich.

Hast du das von Bärbel gehört?
Kein Wort, Lieschen! Ich komme nur selten unter Leute.
Sie füttert zwei, wenn sie trinkt und isst.
Ach!

Das geschieht ihr recht! Überall musste sie die Erste sein.
Sie hat sich was auf ihre Schönheit eingebildet. Und hat sich nicht geschämt, Geschenke von ihm anzunehmen.
Das arme Ding!

Du bedauerst sie noch? Wenn unsereins am Spinnen war und uns die Mutter nachts nicht hinunterließ, stand sie bei ihrem Buhlen. Nun wird sie sich ducken und im Sünderhemd Kirchbuße tun!
Er nimmt sie gewiss zu seiner Frau.
Der ist längst über alle Berge. Auf dem Weg zu einer anderen.

Wie konnte ich früher schmähen, wenn eine von uns gefehlt hatte! Wie konnte ich über die Sünden der anderen nicht genug Worte finden! Und nun bin ich selbst eine Sünderin!

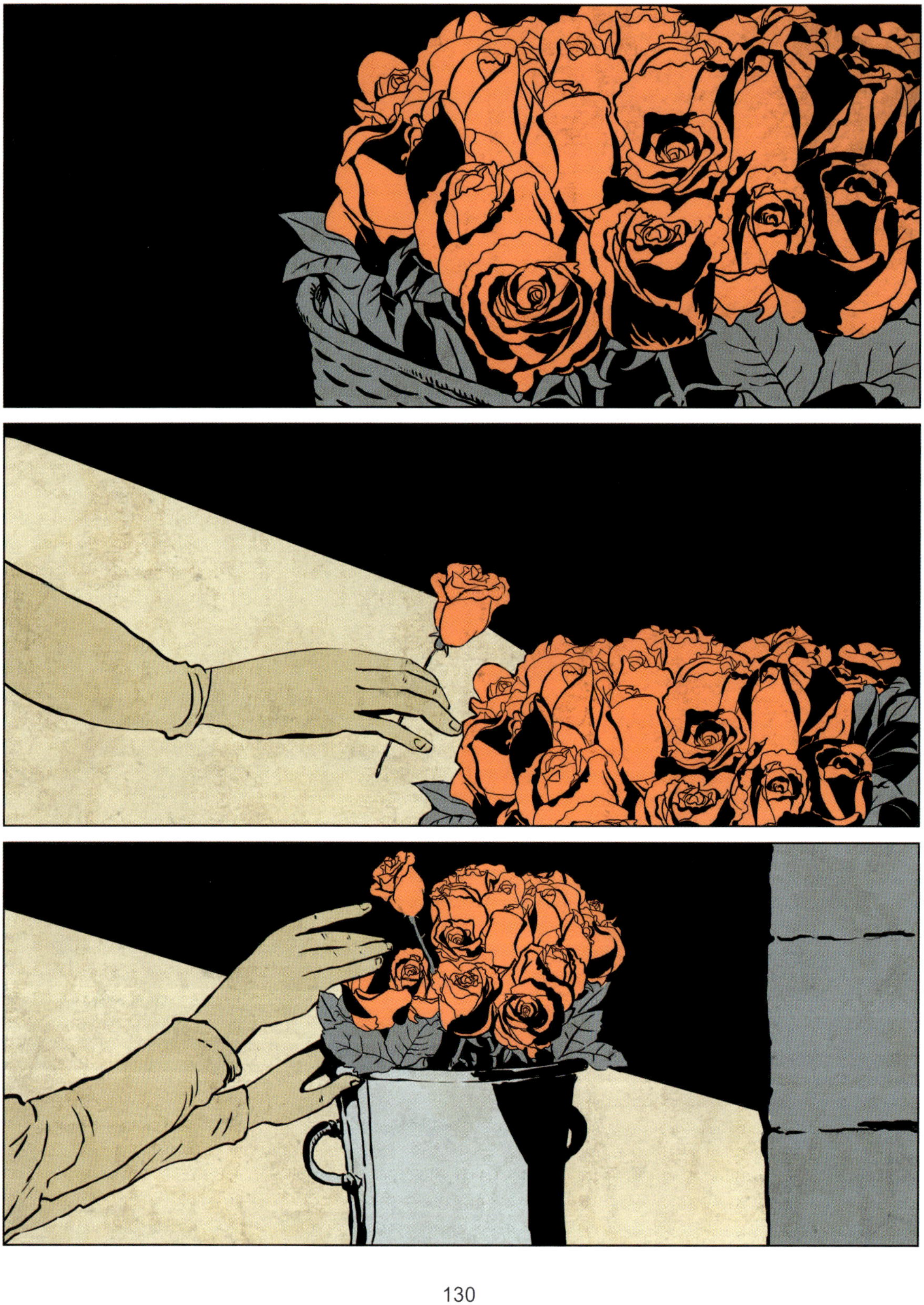

Du Schmerzensreiche, erhöre mich! Rette mich! Neige dein Antlitz gnädig meiner Not!

Noch gestern, beim Gelage, sagten mir die Gesellen, dass es keine Magd mit meiner Schwester aufnehmen könne! Und nun? Es ist zum ...
Da kommt jemand. Ist er es, soll er nicht lebendig von der Stelle!
Ich sing ihr ein Lied, um sie zu betören.
Was machst du mir vor Liebchens Tür, Kathrinchen, hier bei frühem Tagesblicke? Lass, lass es sein! Er lässt dich ein, als Mädchen ein, als Mädchen nicht zurücke.
Wen lockst du hier, Vermaledeiter? Zum Teufel erst das Instrument! Zum Teufel hinterdrein den Sänger!

Und jetzt geht es ans Schädelspalten.
Herr Doktor, weicht nicht zurück! Ihr stoßt zu, ich pariere!

Pariere den!
Warum denn nicht?

Und den!
Gewiss!
Ich glaub, der Teufel ficht!
Schon wird mir die Hand lahm!
Stoß zu!

Nun aber fort!
Heraus! Heraus! Man schreit und kämpft!

Holt ein Licht herbei!
Da liegt schon einer tot!
Und die Mörder sind entflohen?
Wer liegt hier?
Der Sohn deiner Mutter!
Valentin? Nein!!!
Was steht ihr da und heult? Ihr alle, kommt her und hört mich an.

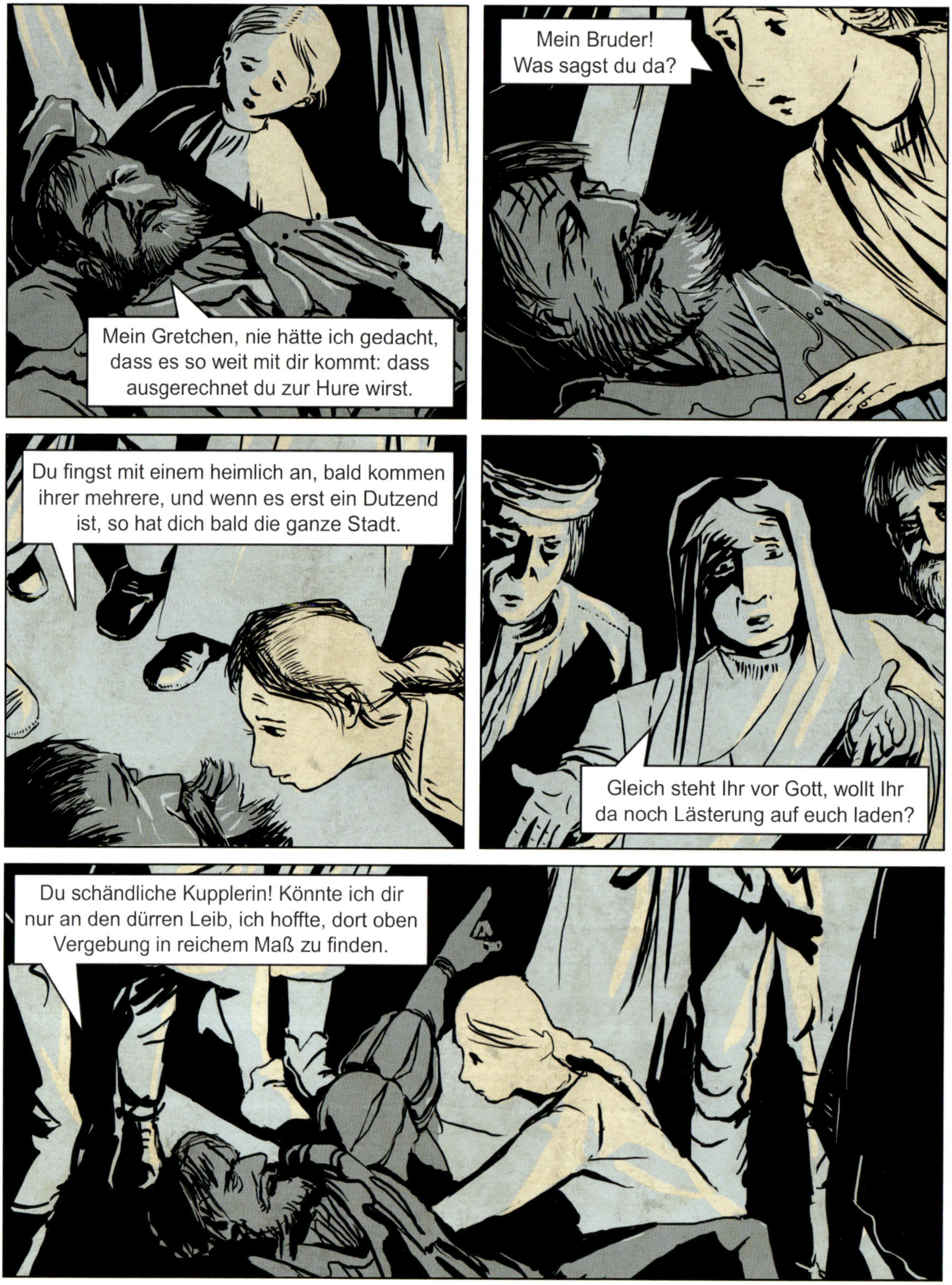
Mein Gretchen, nie hätte ich gedacht, dass es so weit mit dir kommt: dass ausgerechnet du zur Hure wirst.
Mein Bruder! Was sagst du da?
Du fingst mit einem heimlich an, bald kommen ihrer mehrere, und wenn es erst ein Dutzend ist, so hat dich bald die ganze Stadt.
Gleich steht Ihr vor Gott, wollt Ihr da noch Lästerung auf euch laden?
Du schändliche Kupplerin! Könnte ich dir nur an den dürren Leib, ich hoffte, dort oben Vergebung in reichem Maß zu finden.

Mein Bruder!
Welche Höllenpein!
Als du dich von der Ehre lossprachst, gabst du mir den schwersten Stoß, viel schwerer noch als den, den ich eben empfing.
Ich gehe zu Gott als ein Soldat!

Gretchen, Gretchen, Gretchen. Betest du für die Seele deiner Mutter, die dank dir zur langen Pein hinüberschlief?
FI DES
Wessen Blut floss auf deiner Schwelle? Und was regt sich unter deinem Herzen und ängstigt dich mit ahnungsvoller Gegenwart?

Weh! Weh! Wäre ich doch nur die Gedanken los, die mir herüber und hinüber gehen, gegen mich!
Dies irae, dies illa solvet saeclum in favilla.
Die Posaune tönt! Die Gräber beben! Und dein Herz aus Asche flammt zu neuen Qualen wieder auf!
Mir wird so eng! Die Mauerpfeiler halten mich gefangen! Das Gewölbe drängt mich! Luft!
Verbirg dich! Sünde und Schande bleiben nicht verborgen. Luft? Licht? Weh dir!
Quid sum miser tunc dicturus?

Verlangst du nicht nach einem Besenstiel? Vom Ziel sind wir noch weit entfernt.
Solange ich mich noch frisch auf den Beinen fühle, genügt mir dieser Stock. Der Frühling webt schon in den Bäumen, selbst die Fichte fühlt ihn schon. Sollte er da nicht auch auf unsre Glieder wirken?
Davon spüre ich nichts. Mir ist es winterlich im Leib! Ich sehne mich nach Schnee und Frost.
Dort sehe ich ein Irrlicht flackern. Erlaube, dass ich es zu uns bitte, um uns zu leuchten!
Heda, mein Freund! Darf ich dich zu uns fordern? Sei doch so gut und leuchte uns hinauf!
Mein Lauf geht gewöhnlich zickzack, aus Ehrfurcht aber will ich versuchen, mein leichtes Naturell zu zwingen.

Geh, in Teufels Namen, nur grade! Sonst blase ich dir dein Flackerleben aus!
Wenn ein Irrlicht Euch die Wege weisen soll, dürft Ihr es so genau nicht nehmen.
Wie der Wind rast! Mit welchen Schlägen trifft er meinen Nacken!
Halt dich fest, sonst stürzt er dich in den Schlund hinab.

Wir sind fast da! Nur ein paar Schritte noch!
Bereit, Herr Doktor? Dann kann der Tanz für uns beginnen!
Walpurgisnacht!

Bleibt ja bei mir! Sonst sind wir gleich getrennt.
Wo seid Ihr?
Hier drüben bin ich!
Platz da! Junker Voland kommt! Platz! Süßer Pöbel, Platz!

Hier, Herr Doktor,
nehmt meine Hand!
Nur zu, du Geist des Widerspruchs!
Du magst mich führen!
Da seht nur: Welch
bunte Flammen.
Dort oben möchte ich lieber sein!
Die Menge strömt zum Bösen;
dorthin, wo manches Rätsel sich löst.

Wer ist denn das?
Lilith!
Wer?
Adams erste Frau! Nimm dich vor ihren Haaren in Acht! Den Mann, den sie damit umfängt, lässt sie so schnell nicht wieder los.

Einst hatt' ich einen schönen Traum; da sah ich einen Apfelbaum, zwei schöne Äpfel glänzten dran, sie reizten mich, ich stieg hinan.
Einst hatt' ich einen wüsten Traum; da sah ich einen gespaltnen Baum, der hatte ein ‚ungeheures Loch'. So ‚groß' es war, es gefiel mir doch.
Was hast du? Was lässt du das schöne Mädchen fahren?

Eine rote Maus fiel ihr aus dem Mund! Eine rote Maus!
Wer fragt danach in einer Schäferstunde?
Und dann sah ich ...
Was?
Mephisto, siehst du dort drüben die blasse, schöne Frau? Siehst du, wie sehr sie Gretchen gleicht?

Das ist ein Zauberbild. Ihm zu begegnen ist nicht gut.
Das ist der süße Leib, den ich genoss.
Das ist Zauberei, du leicht verführter Tor. Komm, die Nacht ist noch lang und der Tanz noch lange nicht vorbei.

Herr Doktor, ich bringe
Kunde von Eurem Liebchen.

Gretchen im Elend? Als Missetäterin im Kerker unter entsetzlichen Qualen eingesperrt? Das holde, unselige Geschöpf! Und das sagst du mir erst jetzt? Du verräterischer, nichtswürdiger Geist!

Sie ist die Erste nicht.
Hund! Abscheuliches Untier! „Die Erste nicht!“ Das Elend dieser Einzigen wühlt mir Mark und Leben durch. Und du grinst gelassen über das Schicksal von Tausenden hin!
Nun bist du wieder an der Grenze deines Witzes angelangt, da, wo euch Menschen der Sinn überschnappt. Warum machst du Gemeinschaft mit mir, wenn du sie nicht durchführen kannst? Du willst fliegen und bist vor dem Schwindel nicht gefeit!
Rette sie! Oder weh dir! Den grässlichsten Fluch über dich auf Jahrtausende!
„Rette sie!“ Wer war es, der sie ins Verderben stürzte? Ich oder du?

Gut, dass Euch elenden Sterblichen der Donner nicht gegeben ward! Ihr würdet jeden, der Euch etwas entgegnet, zerschmettern, um Euch nach der althergebrachten Tyrannenart Luft zu machen.
Bring mich zu ihr! Sie soll frei sein!
Und die Gefahr, der du dich aussetzt? Über der Stätte des Erschlagenen schweben rächende Geister und lauern auf den wiederkehrenden Mörder.
Führ mich hin, sag ich, und befreie sie!
Nun gut! Ich werde die Sinne des Kerkermeisters umnebeln, du wirst dich der Schlüssel bemächtigen und sie hinausführen. Ich wache draußen, die Zauberpferde werden bereitstehen, um euch fortzutragen.

Was weben die dort
um den Rabenstein?
Eine Hexenzunft!
Weiter! Weiter!

O weh! Sie kommen!

Still! Ich komme, um dich zu befreien!
Lass mich nur erst das Kind tränken. Ich herze es die ganze Zeit. Sie nahmen es mir und sagen, ich hätte es umgebracht. Ich werde niemals wieder froh.
Gretchen! Gretchen!
Das war die Stimme des Geliebten!
Wo ist er?

Hier bin ich.
Du kommst, um mich zu retten!
Komm! Folge mir! Ich herze dich tausendfach! Nur folge mir!
Meine Mutter habe ich umgebracht, mein Kind habe ich ertränkt. War es nicht dir und mir gegeben?
Auf! Oder ihr seid verloren! Meine Zauberpferde schaudern, der Morgen dämmert bereits herauf.

Was steigt da aus dem Boden herauf? Was will der an diesem heiligen Ort? Er will mich!
Besinne dich doch. Nur ein Schritt, dann bist du frei.
Komm! Oder ich lasse dich mit ihr im Stich.
Gericht Gottes! Dir habe ich mich übergeben!
Dein bin ich, Vater! Rette mich!

Heinrich, mir
graut es vor dir!
Sie ist …
GERETTET!
... gerichtet.
Her zu mir!
Heinrich, Heinrich.

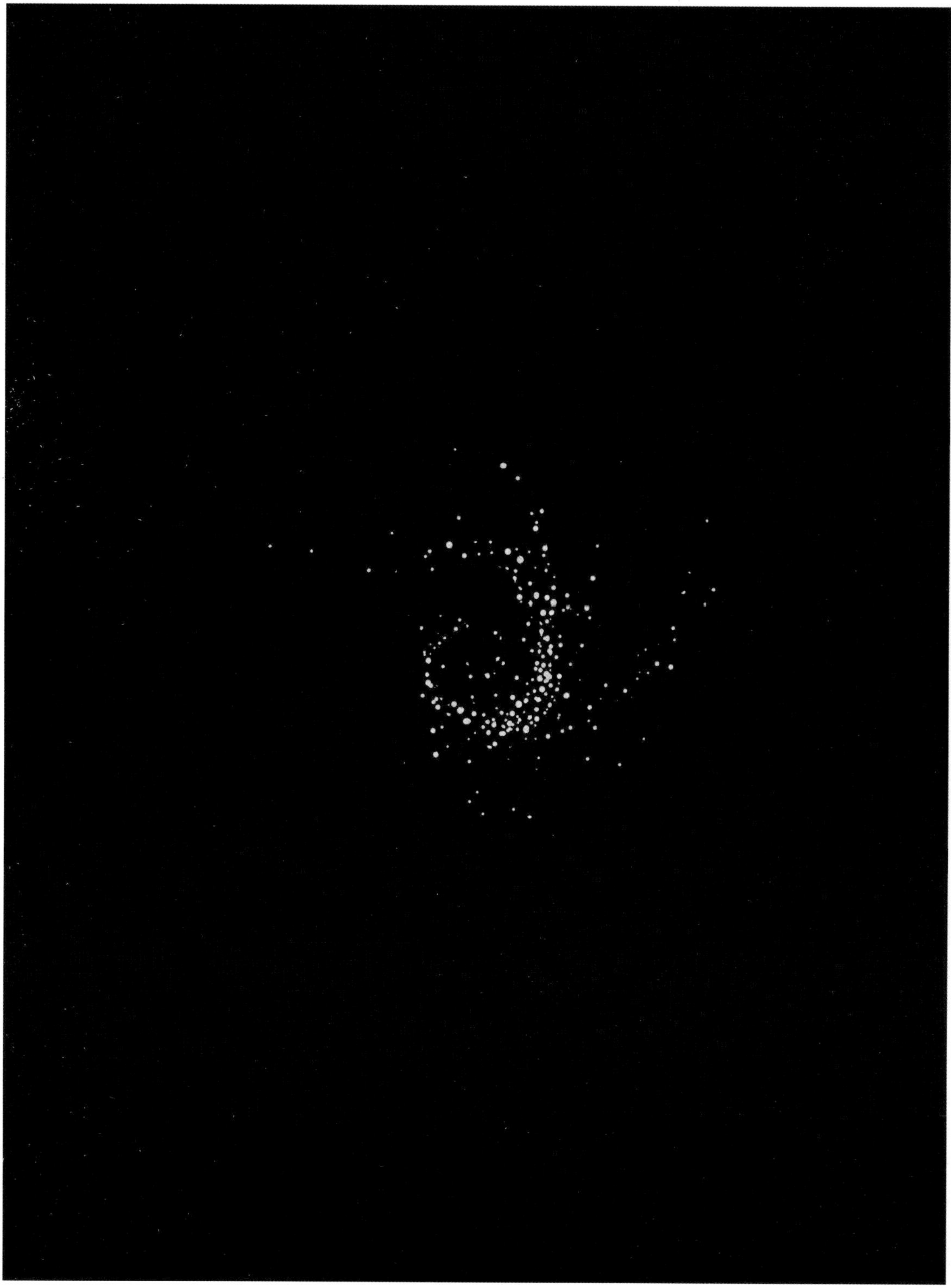

FSC
www.fsc.org
MIX
Papier | Fördert gute Waldnutzung
FSC® C022612

3. Auflage
© Edition Faust, Frankfurt am Main 2025

Das Werk einschließlich seiner Teile ist urheberrechtlich geschützt.
Jede Verwertung außerhalb der engen Grenzen des Urheberrechtsgesetzes ist ohne Zustimmung des Verlages unzulässig und strafbar. Das gilt insbesondere für Kopien, Einspeicherung und Verarbeitung in elektronischen Systemen.
Gestaltung: Alexander Pavlenko
Lektorat: Andrea Richter
Druck und Verarbeitung: Gutenberg Press Ltd., Malta

ISBN 978-3-945400-78-4